W0223691

IRIS SEIDENSTRICKER

SELBSTBEWUSST!

LEICHTER LEBEN

Ausgeschieden

IRIS SEIDENSTRICKER

SELBSTBEWUSST!

Innere Stärke und Selbstvertrauen entwickeln

SCORPIO

Stadtbibliothek Arnsberg
Alt - Arnsberg
Klosterstrasse 26
59821 Arnsberg
67 119 186
Psychologie
Seele & Sein
Sei

INHALT

ICH GLAUB AN MICH

Stellen Sie sich vor: Sie sitzen an einem schönen Sommerabend an Ihrem Lieblingsplatz – vielleicht am Meer, an einem See oder in den Bergen – und denken an Ihren 90. Geburtstag. Der ist in einigen Tagen und Sie wolllen eine Rede halten. Freunde, Ihre Kinder, Enkel und Urenkel, die ihr halbes oder ganzes Leben noch vor sich haben, werden da sein. Was möchten Sie ihnen sagen?
Dass Sie irgendwann im Laufe Ihres Lebens verstanden haben, was Ihnen wirklich wichtig ist und was Sie persönlich so einzigartig macht? Dass Sie zu den Angeboten des Lebens einfach »Ja« gesagt haben – selbst wenn es manchmal sehr viel Mut und Überwindung gekostet hat? Dass Sie in dunklen Zeiten wussten: auch das geht vorüber, auch die schmerzlichste Stunde hat nur 60 Minuten?

Wenn Sie dies einmal so sagen können, ist es Ihnen gelungen, Ihr Leben auf einem der Grundpfeiler für Erfolg, Zufriedenheit, Ausgeglichenheit, Gesundheit und Lebensglück aufzubauen: auf Selbstvertrauen.

SELBSTVERTRAUEN IST NICHT ANGEBOREN

Selbstvertrauen ist uns nicht in die Wiege gelegt. Wir haben es durch unsere Erziehung erhalten – oder auch nicht. Wer das Glück hatte, mit Menschen aufzuwachsen, die ihm als Kind etwas zutrauten, ihn unterstützten und vorlebten, dass Fehler zum Leben gehören, hat einen Glauben an sich selbst aufbauen können.
Wurden wir als Kinder jedoch nur wenig bis gar nicht gefördert, ständig korrigiert oder haben zu hören bekommen, etwas nicht gut genug zu machen oder sogar zu dumm dafür zu sein, konnten wir kein gesundes Vertrauen in die eigenen Fähigkeiten, kein vertrauensvolles Gefühl für uns selbst entwickeln. Mit der Folge, dass uns diese auch als Erwachsene fehlen und wir uns häufig unsicher fühlen. Denn wir glauben, dass wir nicht genügen und respektieren andere und deren Ansichten mehr als unsere eigenen. Wir behandeln andere Menschen auch besser als uns. Was auf Dauer unzufrieden und unglücklich macht.

Doch es gibt eine gute Nachricht:

Selbstvertrauen lässt sich jederzeit stärken und aufbauen!

Und es lohnt sich. Denn sich zu vertrauen hilft nachweislich, das Leben auch in anstrengenden Zeiten gut zu meistern. Studien zeigen, dass Menschen, die z. B. bei Prüfungen an sich glauben, tatsächlich besser abschneiden. Weil sie entspannter sind, weniger Angst haben und dadurch das vorhandene Wissen gut abrufen können.

IHR BEGLEITER ZUM SELBSTVERTRAUEN

Wie Sie mit einfachen Übungen und Methoden Ihr Selbstvertrauen stärken, erfahren Sie auf den nun folgenden Seiten. Sie können dabei Kapitel für Kapitel vorgehen, Sie können sich aber auch nur mit dem Text oder der Übung beschäftigen, die Sie gerade anspricht. Am besten, Sie schaffen sich ein Notizbuch an, in das Sie Ihre Gedanken und Antworten auf Fragen, die Ihnen begegnen werden, schreiben.

Unser jetziges, vergangenes und unser zukünftiges Leben ist das Ergebnis all unserer bisher getroffenen Entscheidungen. Ich wünsche Ihnen, dass Sie sich für sich entscheiden und irgendwann keinen Zweifel mehr daran haben, Ihre täglichen Herausforderungen gut meistern zu können. Weil Sie sich in guten wie in schlechten Zeiten bedingungslos auf sich verlassen.

Wenn Sie sich mit sich selbst und anderen wohler fühlen möchten, sich mehr Gelassenheit und Energie wünschen, dann fangen Sie damit an, auf sich selbst zu hören. Das wird spannend, denn Sie werden neue Erfahrungen mit sich machen. Und vielleicht überrascht feststellen: Je ernster Sie sich selbst nehmen, umso mehr werden auch andere Sie respektieren. Was wiederum Ihr Selbstvertrauen stärkt. Dann sind Sie mittendrin in der Spirale des Wohlbefindens: weil Sie an sich glauben, fühlen Sie sich gut und weil Sie sich gut fühlen, glauben Sie an sich. Und geben allem, was Sie beschäftigt, die Energie des Erfolgs mit auf den Weg.

WEIL SIE SICH UND DEM LEBEN VERTRAUEN.

Erstes Kapitel

Der Mensch, der Sie sind: So lernen Sie, sich zu vertrauen

In diesem Kapitel erfahren Sie

Was Selbstvertrauen ausmacht

Wie Sie sich mit Ihren Fähigkeiten, Wünschen und Neigungen besser kennenlernen

Wie Sie den inneren Kritiker auf Ihre Seite holen und wertschätzender mit sich umgehen

Wie Sie zu innerer Stärke finden

WAS SELBSTVERTRAUEN IST UND WARUM WIR ES BRAUCHEN

»Sobald du dir vertraust, sobald weißt du zu leben«, hat Goethe einst geschrieben. Und damit auf den Punkt gebracht, wie die Beziehung zu uns selbst unser Leben bestimmt. Denn Selbstvertrauen ist das Fundament, auf dem unsere persönliche Entwicklung, unser Lebensgefühl und unsere Lebensqualität aufbauen. Selbstvertrauen ist sicherlich nicht alles. Aber ohne Selbstvertrauen ist alles nichts.

Sie haben sich bestimmt schon einmal nach jemandem umgedreht, der in einem vollbesetzten Saal als erster eine Publikumsfrage gestellt hat. Oder die Kollegin bewundert, die dem Chef gegenüber gelassen den heiklen Punkt angesprochen hat, um den alle anderen herumgeredet haben. Was die sich traut!

Da Sie dieses Buch lesen, gehe ich davon aus, dass Sie sich auch gern mehr trauen würden. Vielleicht gern durchsetzungsstärker und schlagfertiger wären oder sich überhaupt im Alltag kompetenter, attraktiver und sicherer fühlen möchten. Keine Sorge, damit sind Sie nicht alleine. Viele Menschen wünschen sich das. Sogar diejenigen, die Sie als selbstsicher wahrnehmen, sind in bestimmten Situationen unsicher und haben Tage, an denen sie sich nicht mögen. Denn Selbstsicherheit ist keine Eigenschaft, die uns, einmal erworben, immer zur Verfügung steht. Sie hängt von den Menschen ab, mit denen wir zusammen sind, von unserer Tagesform und der Lebensphase, in der wir uns gerade befinden. Es gibt gute Tage, an denen alles wie am Schnürchen läuft und andere, an denen wir uns klein mit Hut fühlen und gar nichts zu klappen scheint. Das ist völlig normal. Denn wie der Wechsel zwischen Ebbe und Flut, Tag und Nacht und den Jahreszeiten die Natur bestimmt, so folgt auch unser Leben einem Rhythmus zwischen Anspannung und Entspannung, Höhen und Tiefen, guten und weniger guten Momenten und Tagen. Wieweit wir nun aber bei Misserfolgen, Kränkungen oder beim Ende einer Beziehung unseren Selbstwert, unsere innerste Überzeugung, als Mensch wertvoll zu sein, infrage stellen und uns entsprechend schnell oder langsam erholen – das hängt davon ab, wie tragfähig die Beziehung zu uns selbst ist.

Selbstvertrauen bedeutet, dass Sie sich akzeptieren wie Sie sind, und Ihren körperlichen und geistigen Fähigkeiten voll vertrauen.

SICH SELBST KENNEN UND AKZEPTIEREN

Um sich solchermaßen vertrauen zu können, müssen Sie Ihre Stärken, Schwächen, Wünsche und Bedürfnisse kennen und akzeptieren. Was bedeutet, dass Sie sich mit allem, was Sie ausmacht – auch mit den Ecken und Kanten, für die Sie sich schämen – nicht abwerten. Sich auf diese Art anzunehmen heißt aber nicht, dass Sie nun alles an sich großartig finden und so lassen wollen. Es bedeutet vielmehr, dass Sie sich selbst nicht mehr dafür verurteilen, so zu sein, wie Sie gerade sind. Und das Beste aus Ihren aktuellen Möglichkeiten machen.

SELBSTVERTRAUEN – WIE ES SICH ENTWICKELT

Selbstvertrauen ist uns nicht angeboren, sondern entwickelt sich durch das, was wir in unserer Kindheit gesehen und erfahren haben. Wurden wir vor allem an unserer Leistung gemessen oder hatten unsere Eltern oder die Menschen, mit denen wir aufwuchsen, selbst wenig Zutrauen zu sich, neigen wir als Erwachsene zu Unsicherheit und Selbstzweifeln. Um unser Selbstvertrauen zu stärken oder auch in schwierigen Zeiten nicht zu verlieren, brauchen wir stabile Beziehungen und Menschen um uns herum, die uns wohlgesonnen sind.

Wissenschaftlich nachgewiesen ist, dass mit dem Älterwerden häufig auch das Selbstvertrauen steigt. Was an der Zunahme der Lebenserfahrung liegt. Wir haben dann schon so vieles durchgestanden und hinbekommen – wir können darauf vertrauen, auch die nächste Herausforderung erfolgreich zu meistern.

DAS RICHTIGE MASS

Gesundes Selbstvertrauen beinhaltet immer auch Zeiten des Selbstzweifels und der Unsicherheit. Wir brauchen diese schwierigen Gefühle, denn sie regen uns zum Nachdenken an und halten uns wach für anstehende Veränderungen. Auf der anderen Seite sollten wir uns ruhig auch öfter durch die rosarote Brille betrachten. Denn dann – weiß die Wissenschaft – fühlen wir uns mit uns sehr viel wohler und glücklicher.

ZUVIEL SELBSTÜBERZEUGUNG MACHT ÜBERHEBLICH

Wenn die Brille allerdings so rosarot ist, dass wir aus purer Selbstüberzeugung nur noch um unser eigenes Universum kreisen, benehmen wir uns schnell arrogant. Wir halten uns für wichtiger als andere und fordern einen Sonderstatus ein. Was nicht gerade dazu beiträgt, dass man sich in unserer Gegenwart wohlfühlt. Im Gegenteil: Arroganten Menschen geht man gern aus dem Weg. Übersteigerte Selbstsicherheit birgt auch die Gefahr von Fehlern: Wer sich selbst für absolut unfehlbar und kompetent hält, übergeht die Meinungen anderer und übersieht dadurch oft entscheidende Dinge.

MANGELNDES SELBSTVERTRAUEN FRUSTRIERT

Verspüren wir hingegen wenig bis gar kein Selbstvertrauen, wird das Leben anstrengend. Wir sind angespannt, weil wir uns dem Alltag nicht gewachsen fühlen. Unsere eigenen Ideen halten wir für nicht gut genug, was uns abhängig von den Meinungen und Entscheidungen anderer macht. Wir trauen uns nicht, das einzufordern und in Anspruch zu nehmen, was wir zum Wohlfühlen brauchen. Und wir scheuen die Verantwortung, weil wir ja dann auch kritisiert werden könnten. Kritik aber trifft uns bis ins Mark und wir brauchen lange, um uns von ihr zu erholen. Mangelndes Selbstvertrauen ist frustrierend, macht traurig und manchmal sogar depressiv.

DIE KRAFTQUELLE IM INNEREN

Ein gesundes Maß an Selbstvertrauen hingegen verleiht uns die Fähigkeit, neugierig auf das Leben mit seinen vielen Herausforderungen und Überraschungen zu bleiben. Was nicht bedeutet, unverletzlich oder immun gegen seelischen Schmerz wie Kränkungen, Abschied, Trauer oder Schicksalsschläge zu sein. Aber wir zerbrechen nicht an ihm.

Stellen Sie sich Selbstvertrauen wie einen Muskel vor. Muskeln sind Kraftquellen, sie regeln Ihren Stoffwechsel und versorgen Ihren Körper mit Energie. Wenn ein Muskel gebraucht oder besser noch: trainiert wird, haben Sie Energie und sind in der Lage, Ihre körperlichen Fähigkeiten optimal auszuschöpfen. Nutzen Sie ihn nicht, erschlafft er und kann Sie nicht unterstützen. Muskeln baut man durch kluges Training auf: auf Phasen der Beanspruchung folgt die Erholung. Mit Selbstvertrauen ist es ähnlich. Es gibt Ihnen Kraft und hält Sie aufrecht, wenn Sie es üben und gebrauchen. Zwischendurch dürfen Sie sich aber auch Phasen der Unsicherheit zugestehen.

DAS LEBEN GENIESSEN

Leben heißt Risiko. Mit Selbstvertrauen können Sie das Wagnis eingehen, sich ihm zu stellen. Denn es verleiht Ihnen Gelassenheit und Souveränität, weil Sie wissen, wer Sie sind, was Sie brauchen, wie Sie es bekommen und weil Sie Ihre Fähigkeiten gut einschätzen können. Je mehr Sie sich ins Leben stürzen, je mehr Sie selbst handeln, Erfolge und Niederlagen durchleben und Ihr Leben aktiv gestalten, desto mehr Selbstvertrauen gewinnen Sie daraus und desto mehr trauen Sie sich zu.
Und haben den größten Erfolg, den Sie überhaupt erreichen können: Das Leben auf Ihre eigene Art und Weise zu führen und zu genießen.

WIE SICH SELBSTVERTRAUEN ANFÜHLT

1

Sie sind gelassener und optimistischer

Sie mögen und akzeptieren sich so, wie Sie gerade sind, ohne Ihre Weiterentwicklung aus den Augen zu verlieren. Sie blicken mit Zuversicht in die Zukunft, und wenn es mal nicht so gut läuft, fällt Ihnen der Satz »Wer weiß, wofür das gut ist« ein.

2

Sie wissen, was Ihnen wichtig ist

Sie verfolgen Ziele, planen vorausschauend und vermeiden unnötigen Druck. Weil Sie immer genügend Zeit für Vorbereitungen und Entscheidungen einkalkulieren.

3

Sie achten mehr auf Ihre Gefühle und die der anderen

Sie kennen Ihre Grenzen und gehen verantwortungsvoll mit ihnen um. Wie auch mit Ihren Gefühlen. Statt sich von Überforderung, Zorn und Groll überwältigen zu lassen, setzen Sie sich mit diesen Emotionen auseinander und finden Wege, so mit ihnen umzugehen, dass Sie sie weder gegen sich selbst noch spontan gegen andere richten.

4

Sie kennen Ihre Stärken und Schwächen und nehmen sie mit Humor

Sie wissen, was Sie können, daher sind Sie fähig, Ihre Meinung angemessen auszudrücken, zu verhandeln und Konflikte auszuhalten. Sie versuchen nicht länger perfekt zu sein, nehmen sich selbst und das Leben nicht mehr so fürchterlich ernst und können auch mal herzhaft über sich lachen.

5

Sie verhalten sich flexibler

Sie wissen, was Sie denken, bestehen aber nicht auf Ihrer Meinung und beziehen die Auffassungen anderer in Ihre Überlegungen ein. Die Realität akzeptieren Sie, daher lösen Sie sich von festen Vorstellungen und Erwartungen, wie es hätte (besser) sein sollen. So gelingt es Ihnen auch, mit manchen Situationen spielerisch umzugehen.

6

Sie fühlen sich wertvoll, frei und unabhängig

Dass Sie als Mensch wertvoll sind und Ihr Wert nicht von Erfolg und Misserfolg oder den Urteilen anderer abhängt, wissen Sie. Sie umgeben sich mit Menschen, die Ihnen guttun und sorgen für Ihre körperlichen und seelischen Bedürfnisse.

DER WICHTIGSTE MENSCH

Wenn Sie gefragt werden, wer der wichtigste Mensch in Ihrem Leben ist – was antworten Sie? Ihr Partner oder Ihre Partnerin? Ihr Sohn, Ihre Tochter? Oder jemand anderes, den Sie sehr schätzen? Viele Menschen denken beim wichtigsten Menschen zuerst an jemanden, den sie lieben, der sie fördert, unterstützt oder inspiriert.

Aber an sich selbst denken? Das tun die wenigsten.

Dabei nehmen Sie schon aus rein zeitlichen Gründen den meisten Platz in Ihrem Leben ein. Nur Sie sind täglich 24 Stunden lang mit sich zusammen, Minute für Minute Ihren Gedanken, Empfindungen und Ihrem Verhalten ausgesetzt. Niemand kann Ihre Wünsche und Bedürfnisse so fühlen wie Sie, niemand verfügt über Ihre Erfahrungen, Erlebnisse und Fähigkeiten. Ist es da nicht angemessen, sich die erste Position im Ranking unter den wichtigsten Menschen des Lebens zuzugestehen? Und sich entsprechend zu behandeln?

SELBSTFÜRSORGE STÄRKT

Sie kennen bestimmt die folgende Ansage während der Sicherheitshinweise im Flugzeug: »Sollte der Druck in der Kabine sinken, fallen automatisch Sauerstoffmasken aus der Kabinendecke. In diesem Fall ziehen Sie eine der Masken ganz zu sich heran und drücken die Öffnung fest auf Mund und Nase. Erst danach helfen Sie mitreisenden Kindern und anderen Passagieren.«
Im Leben ist es nicht anders. Wenn Sie ständig Ihre persönlichen Bedürfnisse den Wünschen anderer unterordnen, geht Ihnen irgendwann die Luft aus. Über kurz oder lang werden Sie unglücklich, vielleicht aggressiv, sogar depressiv oder krank. Sorgen Sie hingegen zuerst für Ihre körperlichen und seelischen Bedürfnisse, fühlen Sie sich gut. Sie haben die Kraft, Ihre eigenen Themen anzugehen und der Wunsch, auch für andere da zu sein, entwickelt sich von ganz allein.

Es ist weder egoistisch noch unsozial, sich liebevoll um sich selbst zu kümmern. Nur so können Sie an Ihre Energiequellen kommen, aus denen Sie die Kraft für sich selbst und Ihre Mitmenschen schöpfen.

IHREN SELBSTWERT GEBEN SIE SICH SELBST

Sich selbst wichtig zu nehmen und gut mit sich umzugehen – das erfordert Mut. Vor allem dann, wenn Sie nur wenig Erfahrung damit haben, sich gegen die Bedürfnisse Ihrer Partner, Freunde oder Kollegen abzugrenzen. Aber jedes Mal, wenn Sie sich wichtig nehmen, Entscheidungen treffen und sagen, was Sie wollen, gewinnen Sie innere Stärke. Bald können Sie wesentlich gelassener auf unvorhergesehene Situationen reagieren und sind vor allem im Umgang mit sich selbst entspannter. Sie leben ganz anders. Weil Sie dafür sorgen, dass Sie kriegen, was Sie brauchen.

»Jetzt habe ich endlich verstanden, worum es geht!«, hat eine Klientin im Abschlussgespräch eines Coachings einmal gesagt, »alles, was ich bin und noch werden möchte, kommt daher, dass ich es mir selbst wert sein muss! Und mir für meine Entwicklung so viel Zeit, Geduld und Mitgefühl erlaube, wie ich brauche. Niemand anderes kann das für mich tun. So viel Verständnis habe ich noch nie für mich gehabt. Und mich auch noch nie so frei und motiviert gefühlt.«

Sie sind der wichtigste Mensch in Ihrem Leben. Niemand außer Ihnen kann Ihnen Frieden, Wohlgefühl, Gelassenheit und sogar Gesundheit bringen. Nehmen Sie Ihr Selbstvertrauens-Notizbuch und schreiben Sie die Antworten auf folgende Fragen hinein:

- ★ *Unterstütze ich mich mit bester Kraft? Woran merke ich das?*
- ★ *Stehe ich hinter mir, auch wenn es schwierig ist? Woran merke ich dies?*
- ★ *Fördere ich meine Begabungen und nutze meine Möglichkeiten zu meiner Entfaltung? Welche Beispiele habe ich dafür?*

Selbstvertrauen hat immer mit der guten Beziehung zu uns selbst zu tun. Mit den Übungen und Praxistipps im Buch können Sie diese gezielt aufbauen, pflegen oder verbessern.

Und ich habe gemerkt,
das Wunder,
auf das ich gewartet habe,
bin ich selbst.
Selma Lagerlöf

SICH SELBST KENNENLERNEN

Übungen

Vertrauen schenkt man dann, wenn man weiß, mit wem man es zu tun hat. Mit Selbstvertrauen ist das nicht anders. Aber wissen Sie, wer Sie sind? Was Sie antreibt, was Sie können und wollen? Und was Sie brauchen? Mit anderen Worten: Kennen Sie sich?

Nun ist das mit dem Kennen der eigenen Persönlichkeit gar nicht so einfach. Wir verändern uns ständig, wobei die körperlichen Veränderungen noch am leichtesten festzustellen sind. Schwieriger wird es, über unsere Gefühle und inneren Prozesse auf dem Laufenden zu sein. Denn so, wie wir mit jeder neuen Einsicht unsere Meinung verändern, entwickeln wir auch in jeder Lebensphase andere Vorstellungen von dem, was uns wichtig ist. Das ist uns oft nicht bewusst, und wir merken es erst, wenn wir uns plötzlich mit Menschen oder in Situationen unwohl fühlen, die wir früher mochten.
Mit den folgenden Übungen lernen Sie sich besser kennen. Lesen Sie sich durch, was Sie dafür benötigen, und reservieren Sie sich dann jeweils zwei Stunden, in denen Sie es sich mit Ihrem Lieblingsgetränk und vielleicht auch leiser Musik im Hintergrund gemütlich machen.

Die »Das bin ich«-Collage

★ Beginnen Sie schon einige Zeit vor der Collage damit, alte Zeitschriften und kleine Dinge zu sammeln, die für Sie eine Bedeutung haben. Das können Fotos sein, herausgerissene Zeitungsartikel, Notizen, Zitate aus Lieblingsbüchern, Blüten, Schlüsselanhänger, kleine Figuren aus Überraschungseiern – alles, was für Sie etwas bedeutet, passt. Sie brauchen dann noch Stifte, Schere, Klebstoff und eine DIN-A3-Pappe. Wenn Sie alles zusammenhaben, legen Sie los.

★ Schreiben Sie als erstes in großen Buchstaben »Das bin ich« auf die Pappe und dann lassen Sie sich von den Bildern der Zeitschriften und den anderen Dingen, die Sie gesammelt haben, inspirieren. Schneiden Sie aus, was Sie mit sich in Beziehung bringen, und kleben oder legen Sie es auf die Pappe. Es geht nicht um Schönheit und Originalität, Sie müssen nichts leisten oder rechtfertigen. Es geht nur darum, dass Sie auf eine ganz andere Weise mit sich in Kontakt kommen.

★ Ist die Collage fertig, betrachten Sie sie. Wen sehen Sie darin? Kennen Sie die Person schon? Ist sie Ihnen fremd? Ist sie Ihnen vertraut, zeigt aber dennoch auch ganz neue Seiten?

★ Legen oder hängen Sie Ihre Collage an einen Ort, zu dem nur Sie Zugang haben und wo Sie sie immer wieder auf sich wirken lassen können. Die Türinnenseite Ihres Kleiderschranks wäre zum Beispiel so ein günstiger Platz.

Die »Das bin ich«-Liste

★ Schreiben Sie in Ihr Selbstvertrauens-Notizbuch, was Ihnen zu folgenden Fragen einfällt.

- Was kann ich besonders gut?
- Was interessiert mich besonders?
- Womit beschäftige ich mich gern?
- Was ist mir wichtig? Woran glaube ich?
- Was mögen Menschen an mir?
- Wofür bekomme ich Komplimente?
- Was sind meine größten Erfolge?
- Was mag ich gar nicht an mir?
- Womit habe ich Schwierigkeiten?

Wenn Sie alle Fragen beantwortet haben, fragen Sie noch zwei Freunde, Bekannte oder Verwandte, denen Sie vertrauen, wie die Sie sehen. Alle Antworten zusammen ergeben eine Übersicht über Ihre Stärken und Schwächen. Schauen Sie sich diese drei Wochen lang täglich morgens an. Ihre Stärken und Schwächen werden Ihnen dann immer vertrauter und Sie können sich in Ihrem Alltag besser einschätzen. Was Ihnen hilft, sicherer zu werden.

IHRE GEFÜHLE UND BEDÜRFNISSE

Wir sind lebendig. Und lebendig sein bedeutet, rund um die Uhr Gefühle und Bedürfnisse zu haben. Die eigenen Bedürfnisse zu kennen und angemessen zu befriedigen ist die Voraussetzung dafür, sich mit sich und anderen wohlzufühlen. Doch übergehen wir unsere Bedürfnisse häufig oder erwarten von anderen, dass sie sie uns erfüllen. Mit fatalen Folgen.

Haben Sie schon einmal versucht, nicht mehr zu atmen? Selbst wenn Sie so intensiv wie ein Freitaucher trainieren – niemand kann längere Zeit ohne Atmung überleben. Wie Essen, Trinken und Schlafen gehört das Atmen zu Ihren körperlichen Grundbedürfnissen und wenn Sie gesund bleiben und überleben möchten, haben Sie keine Wahl: Sie müssen es tun.

Neben Ihren körperlichen haben Sie auch psychische Grundbedürfnisse: Sie wollen sich wertvoll und geliebt fühlen, sich freuen, sich frei fühlen und gleichzeitig Verbundenheit und Zugehörigkeit spüren. Werden diese emotionalen Grundbedürfnisse verletzt oder langfristig nicht erfüllt, kann es zu seelischen Störungen und Krankheiten kommen. Finden Sie hingegen Wege, gut mit Ihren Bedürfnissen umzugehen, haben Sie alle Voraussetzungen, körperlich und seelisch gesund zu bleiben und das Leben zu führen, mit dem Sie sich wohl fühlen.

MANGELNDES SELBSTVERTRAUEN UND EIGENE BEDÜRFNISSE HÄNGEN ZUSAMMEN

Häufig haben Erwachsene, die unter zu wenig Selbstvertrauen leiden, in ihrer Kindheit gehört, dass bestimmte Bedürfnisse, Gefühle oder Verhaltensweisen »schlecht« sind, dass man »so etwas nicht tut«. Was in manchen Situationen bestimmt angebracht war, schließlich müssen Kinder angemessenes Verhalten und Regeln erst lernen. Gefährlich wird es aber, wenn aus der Bewertung ein Urteil wird: »Weil du das getan hast, bist du ein schlechtes Kind.« Kinder sind abhängig von ihren Bezugspersonen, ihnen die Zuneigung zu entziehen oder sie abzulehnen, ist das Schlimmste, was ihnen passieren kann. Also vermeidet ein Kind

es tunlichst, Bedürfnisse und Gefühle auszudrücken, die bei den Bezugspersonen unerwünscht sind.
Diese Zensur und Kontrolle kann bis ins Erwachsenenalter wirken und das Leben enorm beeinträchtigen.

BEDÜRFNISSE VERBERGEN SICH AUCH HINTER GEFÜHLEN

Vielleicht trauen Sie sich auch nicht, Ihre Bedürfnisse auszudrücken. Oder wissen gar nicht mehr, welche Sie überhaupt haben. Ein Weg, sie zu entdecken, führt über Ihre Gefühle. Sie sagen Ihnen zuverlässig, ob Ihre Bedürfnisse befriedigt sind oder nicht.

Sind Ihre Bedürfnisse gestillt, fühlen Sie sich gut. Sind Sie es nicht, fühlen Sie sich unwohl.

Vielen Menschen aber macht der Umgang mit intensiven Gefühlen Schwierigkeiten. Wenn sie sich ängstlich, traurig, hilflos oder abgelehnt fühlen, verdrängen sie die jeweilige Emotion schnell oder sie lassen solche Gefühle gar nicht erst zu. Manchmal aus Angst, als unkontrolliert oder schwach zu gelten, manchmal aus Sorge, von ihnen überwältigt zu werden.

Der Preis ist hoch: Nicht fühlen heißt, sich von seiner Lebensfreude und Lebendigkeit abzuschneiden.
Einerseits, weil man auch die positiven Gefühle wie Freude, Freundschaft, Hoffnung und Liebe nicht intensiv erlebt. Andererseits, weil man seine Bedürfnisse nicht erkennen und stillen kann.

Gefühle machen das Dasein bunt, die Lebensenergie kann fließen.

Eine effektive Methode, mit seinen Gefühlen wieder in Kontakt zu kommen ist, zu beobachten, was gerade in Ihnen vorgeht und es zu benennen. Sagen Sie mehrmals am Tag »Stopp« und fragen Sie sich dann »Was spüre ich gerade? Bin ich aufgeregt, ärgerlich oder traurig?« Formulieren Sie Ihre Gefühle mit »Ich bin ...« oder »Ich fühle mich gerade ....«.
Haben Sie Ihr Gefühl erkannt, müssen Sie sich nur noch fragen, was Sie brauchen, um sich wieder wohler zu fühlen. Mit der Antwort haben Sie Ihr aktuelles Bedürfnis gefunden.

WELCHE BEDÜRFNISSE HINTER IHREN GEFÜHLEN STEHEN

1

Ärger und Groll

Ärger entsteht, wenn Sie sich persönlich angegriffen, verletzt oder respektlos behandelt fühlen. Häufig steht hinter Ärger das Bedürfnis nach Unterstützung, Anerkennung, Zuwendung oder Kooperation. Überlegen Sie, was der Grund Ihres Ärgers ist: »Ich bin ärgerlich, weil …«. Die Antwort führt Sie zu Ihrem Bedürfnis.

2

Angst, Sorge und Unsicherheit

Dahinter verbergen sich die Bedürfnisse nach körperlicher und emotionaler Geborgenheit, Annahme, Fürsorge, Zugehörigkeit, Verständnis, Unterstützung, Kontakt oder Klarheit.

3

Einsamkeit

Das Gefühl der Einsamkeit kann aus den Bedürfnissen nach Kontakt, Gemeinschaft, Fürsorge, Beachtung, Annahme, Freundschaft, Nähe, Wertschätzung, Verständnis oder Für-jemanden-da-sein-Wollen entstehen. All das sind uralte Bedürfnisse unserer Menschheitsgeschichte, da wir nur in Gruppen überlebten.

4

Stress, Überlastung, Druck und Erschöpfung

Wenn Sie das Gefühl der Überlastung und Erschöpfung haben, Stress und Druck erleben, kann das Bedürfnis nach Ruhe, Rückzug und Entspannung in Ihnen sein. Sie können aber auch den Wunsch nach Gesundheit, Leichtigkeit, Veränderung oder Unterstützung verspüren.

5

Energielosigkeit und Leere

Hinter diesen Gefühlen kann sich das Bedürfnis nach Sinn, Lebendigkeit und Energie sowie der Wunsch nach Wirksamkeit verbergen. Burn-out hat häufig mit dem Verlust des Sinngefühls zu tun.

6

Lustlosigkeit und Langeweile

Wenn Sie lustlos oder gelangweilt sind, spielt meist das Bedürfnis nach Sinn, Herausforderung, Inspiration, Wachstum, Erleben und Spannung, Abwechslung und Anregung eine Rolle.

DAS GUTE AN DER UNSICHERHEIT

Wenn Sie jetzt stutzen, kann ich Sie verstehen. Was, bitteschön, soll daran gut sein, sich unsicher zu fühlen? Davon wollen Sie sich ja gerade lösen, weil es Ihnen das Leben schwer macht. Wenn Sie Ihr Selbstvertrauen aber auf einem stabilen Fundament errichten möchten, dann müssen Sie sich auch mit Ihrer Unsicherheit beschäftigen. Und sie aus einer neuen Perspektive betrachten.

Normalerweise wollen wir einen Zustand, den wir nicht mögen, so schnell wie möglich loswerden. Ablehnung aber kostet immer Kraft, die uns dann woanders, z. B. beim Aufbau von Selbstvertrauen, fehlt. Wir behalten unsere Energie, wenn wir den aktuellen Zustand nicht verurteilen, sondern ihn akzeptieren. Das können wir, indem wir das Gute in ihm sehen und dafür würdigen, was er für uns getan hat oder noch tut.

Das, was Sie an sich ablehnen und verändern möchten, hat eine Funktion in Ihrem Leben.

Was könnte das Gute an Ihrem mangelnden Selbstvertrauen sein?

Denken Sie ruhig länger über Ihre Antwort nach. Sie ist wichtig, denn unser Verhalten ist immer von innen motiviert. Egal was wir tun – es dient dem Zweck, unsere Bedürfnisse zu erfüllen. Selbst wenn unser Verhalten nicht sinnvoll ist und uns und anderen schadet – letztlich soll es immer dazu dienen, unser Leben zu verbessern.
Vielleicht haben Sie durch Ihre Unsicherheit die Garantie, nicht scheitern zu können. Denn wenn Sie nichts wagen, weil Sie sich nichts zutrauen, kann auch nichts schiefgehen. Und Sie müssen nicht die schmerzlichen Gefühle des Versagens aushalten.

Wie hoch ist der Preis für mehr Selbstvertrauen?

Diese Frage nicht zu beantworten kann bedeuten, dass Sie plötzlich vor Konsequenzen stehen, mit denen Sie überhaupt nicht gerechnet haben. Zum Beispiel könnten Sie mit Ihrem Partner, Ihren Freunden oder Kollegen Schwierigkeiten bekommen. Denn wenn Sie sich zu

Hause und am Arbeitsplatz plötzlich mehr für sich einsetzen, bringen Sie das gewohnte Zusammenleben durcheinander. Konflikte können entstehen und für jemanden, der Auseinandersetzungen am liebsten aus dem Weg geht, ist das ein ziemlich hoher Preis. Womit wir schon bei der nächsten Frage sind:

Wie können Sie die Bezahlung umgehen?
In unserem Beispiel würde es darum gehen, neue Formen des Umgangs miteinander zu entdecken wie Diskutieren und das Eingehen von Kompromissen.

Wo und wie können Sie dies lernen?
Um im Beispiel oben zu bleiben, könnten Sie über die Kunst des Diskutierens beispielsweise Bücher lesen, im Internet Videos anschauen oder es in einem Rhetorik-Kurs üben. Kurz:

Erst wenn Sie Ihre Unsicherheit dafür würdigen, was sie für Sie getan hat und wenn Sie erkennen, dass mehr Selbstvertrauen keine negativen Folgen für Sie haben wird – erst dann steht Ihnen uneingeschränkt die Energie und Motivation zur Verfügung, die Sie für Ihren Prozess brauchen.

Verleihen Sie Ihrem Vorhaben »Mein Selbstvertrauen stärken« eine Extra-Portion Kraft. Nehmen Sie Papier und Stift und schreiben Sie einen Brief an die Personen oder Situationen, die Sie verunsichern. Vielleicht auch einfach an die Unsicherheit selbst. Diesen Brief unterschreiben Sie, schicken ihn aber natürlich nie ab. Er ist Ihr Beweis dafür, dass Sie entschlossen mehr Selbstvertrauen gewinnen wollen.
Lassen Sie sich inhaltlich auch von den Fragen der nachfolgenden Übung »Der Unsicherheit auf der Spur« leiten. Am Ende Ihres Briefes danken Sie Ihrer Unsicherheit und würdigen Sie noch einmal für das, was Sie für Sie getan hat. Dann schreiben Sie ihr, dass Sie sich künftig von ihr nicht mehr bei Ihrer persönlichen Entfaltung behindern lassen werden. Dass sie Sie aber gern noch auf Dinge aufmerksam machen kann.

DER UNSICHERHEIT AUF DER SPUR

Wenn Sie wissen, was Sie immer wieder verunsichert, können Sie sich mental darauf einstellen und herausfordernde Situationen künftig entspannter meistern. Auch wenn Sie sich vielleicht am liebsten bei den folgenden Fragen mit einer schnellen Antwort aus der Affäre ziehen würden, weil es unangenehm ist – nehmen Sie sich Zeit für die Antwort. Je ehrlicher Sie mit sich sind, desto besser lernen Sie sich kennen und können entdecken, was Sie sicherer macht.

Was muss jemand zu mir sagen oder tun, damit ich innerlich zusammenfalle?

Was muss passieren, dass ich stark verunsichert bin?

Ergänzen Sie Ihre Antworten im Laufe der Woche, falls Ihnen noch etwas einfällt. Wenn Sie das Gefühl haben, sie sind stimmig, beantworten Sie noch folgende Fragen:

Wovon hält mich die Unsicherheit in meinem Leben ab?

Warum möchte ich das nicht mehr?

Was habe ich schon in meinem Leben geschafft?

Was würde ich eigentlich von den Personen oder Dingen, die mich verunsichern, brauchen?

DEN INNEREN KRITIKER VERSTEHEN

Kennen Sie Waldorf und Statler? Das sind die beiden Giftzwerge in der Muppet-Show, die aus ihrer Loge heraus das Geschehen auf der Bühne beobachten, ständig kritisieren und beißende Kommentare abgeben. Einen Giftzwerg wie Waldorf oder Statler hat jeder Mensch in sich. Er wird der innere Kritiker genannt und kann einen mit seiner Miesmacherei ganz schön verunsichern. Gerade wenn Sie wenig Selbstvertrauen haben, ist der innere Kritiker oft sehr mächtig. Aber Sie können lernen, sich von ihm nicht tyrannisieren zu lassen.

»Du bist dafür zu alt, zu schlecht, zu dick, überhaupt unfähig«… Der innere Kritiker sagt Dinge zu uns, die wir anderen gegenüber niemals äußern würden. Er scheint nur darauf zu warten, uns bei Fehlern und Schwächen zu ertappen und seine verbalen Vernichtungssalven auf uns loszulassen. Mit dem Ergebnis, dass wir uns wieder einmal als Versager fühlen und in Selbstvorwürfen versinken. Und uns gar nichts mehr zutrauen. *Der ersehnte Jobwechsel? Viel zu riskant! Selbstvertrauen aufbauen? Das klappt ja sowieso nicht! Mal wieder in einem Chor singen? Das wird doch schon am Vorsingen scheitern!* Sie merken:

Je mehr Raum sich der innere Kritiker nimmt, desto weniger trauen wir uns zu und meiden neue Herausforderungen.

WARUM DER INNERE KRITIKER IST, WIE ER IST

Der innere Kritiker begleitet uns seit unserer Kindheit und spricht heute die mahnenden oder kritischen Botschaften aus, die wir früher oft gehört haben. Was uns motivieren und unterstützen könnte, interessiert ihn nicht. Aber warum? Weil es in unserer Menschheitsgeschichte vor Millionen von Jahren ausschließlich ums Überleben ging. Alles Unbekannte konnte eine tödliche Gefahr sein. Also programmierte sich unser Gehirn darauf, Gefahren zu erkennen und das Gute auszublenden. Dabei war das Überleben ja nicht gefährdet.

VERMEINTLICH SICHER

Heute warnt Sie der innere Kritiker vor den schmerzlichen Erfahrungen unseres Alltags-Dschungels: zu versagen, sich zu blamieren oder lächerlich zu machen. Im gesunden Maße hilft er Ihnen dabei, nicht voreilig und unüberlegt zu handeln. Aber wenn er es übertreibt, trauen Sie sich immer weniger zu. Und damit hat er sein Ziel erreicht. Denn je weniger Sie handeln, umso weniger kann schiefgehen und Sie sind – nach seiner Logik – sicher. Für Sie aber ist das ein schlechter Deal.

Je »sicherer« Sie durch die Dauer-Entmutigung Ihres inneren Kritikers sind, umso weniger können Sie sich beruflich und privat entfalten.

Dass Ihr innerer Kritiker Ihnen alles vermiest und Sie sich ständig minderwertig fühlen, dürfen Sie nicht zulassen. Was können Sie also tun? Vor allem aufhören, gegen sich zu kämpfen. Dabei verlieren Sie zu viel Energie und machen sich das Leben nur schwerer. Wenn Sie dagegen allmählich eine gute, gesunde und liebevolle Beziehung zu sich aufbauen, hat es der innere Kritiker immer schwerer, seine Position zu vertreten. Er ist dann zwar noch da, aber Sie nehmen ihn nicht mehr so ernst. Weil Sie jetzt aus der Überzeugung heraus handeln, alle Fähigkeiten und vor allem: die Erlaubnis zu haben, Ihre Ziele in Ihrem Leben zu erreichen.

Wir fürchten immer die Kritik von anderen. Dabei sitzt der strengste und unbarmherzigste Kritiker in unserem eigenen Kopf, der uns regelrecht tyrannisieren kann. Wie Sie innerlich mit sich sprechen, formt Ihr gesamtes Denken und Erleben. Üben Sie sich darin, freundlich, respektvoll und wohlwollend mit sich zu sprechen, denn so verstärken Sie Ihr Selbstwertgefühl und Selbstvertrauen. Lesen Sie dazu auch in Kapitel 2 »Den inneren Unterstützer entdecken«.

DEN INNEREN KRITIKER BESÄNFTIGEN

Wenn Sie vor neuen Herausforderungen stehen und sich am liebsten wegducken möchten – dann ist Ihr innerer Kritiker am Werk. Mit dieser Übung kommen Sie in Kontakt mit ihm und können ihn – je vertrauter Sie mit ihm werden – so weit beruhigen, dass er schließlich nur noch seinen normalen Job macht: Sie darauf hinzuweisen, worauf Sie mehr achten könnten.

1. WAS SAGT ER?

Hören Sie Ihrem inneren Kritiker bei der nächsten Gelegenheit genau zu. Was sagt er?

____

____

____

____

2. WER IST ER?

Der innere Kritiker ist oft eine Mischung aus früheren Autoritätspersonen und dem eigenen, verzagten Ich. Achten Sie auf seine Stimme: Wem – dem Sie heute keine Macht mehr zugestehen brauchen – hat sie einst gehört?

____

____

____

3. WIE RECHT HAT ER?

Hinterfragen Sie seine Kritik. Ist sie gerechtfertigt? Wenn ja – gibt es in ihr einen konstruktiven Ansatz? Die Warnung »Mit deiner Lücke im Lebenslauf hast du im Vorstellungsgespräch keine Chance. Geh gar nicht erst hin!« kann Sie darauf bringen, die Zeit zwischen den

Jobs schlüssig zu belegen und sich besser vorzubereiten. Auch das Üben des Vorstellungsgesprächs hilft.

Wo mein innerer Kritiker Recht hat:

Was ich deshalb tun kann:

4. Ihr Gegenbeispiel?

Wenn Ihr innerer Kritiker raunt »Das geht sowieso wieder schief«, überlegen Sie: Wo hat es in ähnlichen Situationen funktioniert? Wo ist es dank Ihrer Stärken gut ausgegangen?

Wenn mein innerer Kritiker sagt …

… kann ich entgegnen:

5. Ihre neuen Werte

Früher mussten Sie immer perfekt sein, jetzt dürfen Sie sich öfter ausruhen, mehr wiegen, sogar unsicherer sein … Betrachten Sie Ihre Collage und die Ich-bin-ich-Liste: Sind das, was der innere Kritiker Ihnen zuflüstert, überhaupt noch Ihre Werte und Maßstäbe?

Früher war es wichtig, dass ich ….

Heute dagegen kann ich …

WIE IHRE KÖRPERHALTUNG SIE BEEINFLUSST

Wie halten Sie gerade Ihre Schultern? Werden Sie sofort ein paar Zentimeter größer, wenn Sie Ihren Rücken bewusst aufrichten? Und wie sehen Ihre Mundwinkel im Spiegel aus, wenn Sie entspannt hineinschauen? Zeigen sie leicht nach oben?
Wissenschaftler konnten nachweisen, dass wir mit unserer Körpersprache nicht nur auf andere wirken, sondern vor allem unsere eigenen Gefühle und unsere Selbstwahrnehmung beeinflussen.

In einem Forschungsprojekt nahm eine Teilnehmergruppe zwei Minuten lang eine aufrechte, stolze Körperhaltung ein, die andere Gruppe hingegen eine geduckte Haltung mit hochgezogenen Schultern und gesenktem Kopf. Danach wurden bei beiden Gruppen die Hormonwerte gemessen. Die negative Körperhaltung steigerte die Produktion der Stresshormone, die positive kurbelte die Testosteronproduktion an. Testosteron brauchen wir, um uns angespornt zu fühlen, um leistungsbereit und durchsetzungsfähig zu sein.
In einem weiteren Versuch simulierten die Wissenschaftler ein Bewerbungsgespräch. Die einen Teilnehmer sollten vorher wieder kurz eine negative, die anderen eine positive Körperhaltung einnehmen und danach den »Vorgesetzten« ihren Lebenslauf erzählen. Diese zeigten den Bewerbern gegenüber absichtlich keinerlei Reaktion. Eine Situation, die jeden noch so selbstbewussten Menschen verunsichert und stresst.
Abschließend wurde eine dritte Gruppe gebeten, die keinerlei Informationen über das Experiment hatte, die Personen auszuwählen, die sie einstellen würden.
Das Ergebnis: Es wurden überwiegend Teilnehmer ausgesucht, die zuvor die positive Körperhaltung eingenommen hatten, da sie trotz der Stresssituation relativ gelassen und überzeugend blieben, wohingegen die andere Gruppe merklich zögerlicher und nervöser wirkte.

KÖRPER UND SEELE BILDEN EINE EINHEIT

Der Versuch zeigt, dass die Körperhaltung sogar langfristig erhebliche Auswirkungen auf unsere persönliche Befindlichkeit und damit auch auf unsere Ausstrahlung hat. Denn Körper und Seele bilden eine Einheit, sie funktionieren nicht getrennt voneinander,

Der Körper beeinflusst unsere Psyche und die Psyche unseren Körper.

Probieren Sie es aus!

★ Am besten, Sie testen gleich, wie sehr Ihre Körperhaltung Ihr Wohlbefinden beeinflusst. Setzen Sie sich auf einen Stuhl und legen Sie einen Stift und Ihr Notizbuch neben sich.

Gelangweilte Haltung

★ Setzen Sie sich so hin, als wären Sie völlig desinteressiert und teilnahmslos. Sie könnten dabei in Ihrem Stuhl zusammensinken, den Rücken krumm machen, die Schultern und die Mundwinkel schlaff herunterhängen lassen. Oder Sie stützen den Kopf in die Hände und blicken ausdruckslos vor sich hin.

Beobachten Sie sich in dieser Haltung.
Wie fühlen Sie sich gerade?
Notieren Sie Stichworte dazu.

Interessierte Haltung

★ Nun stehen Sie auf, recken und strecken sich gründlich und setzen sich dann so hin, als wären Sie voller Energie und Interesse: Sie sitzen mit geradem Rücken auf Ihrem Stuhl, Ihre Augen sind wach auf ein Ziel gerichtet, Ihr Mund ist zu einem leichten Lächeln geformt und in Ihrem gesamten Gesichtsausdruck liegt erwartungsvolle Neugier.
Wie fühlt sich diese Haltung an?
Schreiben Sie auch hierzu Ihre Empfindungen auf.

Vergleichen Sie

★ Stehen Sie nun wieder auf, rekeln Sie sich noch einmal und lesen Sie jetzt Ihre Aufzeichnungen. Sie werden feststellen, dass Sie bei der interessierten Körperhaltung viel mehr Energie und Tatkraft spürten als bei der gelangweilten.

Ihre Körperhaltung ist ein entscheidender Faktor für Ihr Wohlgefühl. Mit ihr können Sie Ihre Befindlichkeit von einem Moment auf den anderen entscheidend verändern.

KÖRPERHALTUNGEN, MIT DENEN SIE SICH SOFORT SICHERER FÜHLEN

Praxistipps

Mit diesen Haltungen vertreiben Sie negative Gefühle sofort und holen sich stattdessen Energie und Kraft. Mit einem Lächeln wird die Wirkung noch verstärkt. Probieren Sie es aus!

★ Grundhaltung der Selbstsicherheit

Nehmen Sie so oft wie möglich die selbstsichere Körperhaltung ein: Ihre Füße stehen hüftbreit auseinander, Ihren Rücken richten Sie auf und ziehen die Schultern leicht zurück. Heben Sie das Kinn ein wenig an, Ihr Blick ist geradeaus gerichtet. Wenn Sie ein gleichgroßes Gegenüber hätten, würden Sie ihm nun auf Augenhöhe begegnen.
Im Sitzen können Sie diese Position ebenfalls üben: Rücken aufrichten und die Füße hüftbreit nebeneinander auf den Boden stellen.
Legen Sie sich ein kleines Armband oder ein anderes Accessoire zu, das Sie im Laufe des Tages ans Aufrichten erinnert.

★ Kopf hoch!

Es ist mehr als eine Redensart: Nehmen Sie den Kopf hoch, wenn Sie sich besser fühlen wollen! Alleine dadurch, dass Ihr Blick nicht mehr auf den Boden gerichtet ist und sich Ihr Blickfeld erweitert, fühlen Sie sich besser.

★ Energie in Gesellschaft

Befinden Sie sich gerade in Gesellschaft, richten Sie sich bewusst auf und bringen Sie Ihren Kopf in die Haltung der Würde. Dabei heben Sie ihn leicht an, sodass das Kinn ein wenig nach vorne gestreckt wird. Manchen Menschen hilft bei dieser Haltung die Vorstellung, durch einen dünnen goldenen Faden mit dem Universum oder einer persönlichen Kraftquelle verbunden zu sein.

★ Kraft holen, wenn Sie alleine sind

Gehen Sie in die Siegerpose: Stellen Sie sich breitbeinig hin, formen Sie mit Ihren Armen ein V und strahlen Sie, als hätten Sie gerade einen Grand Prix gewonnen.

Das können Sie noch verstärken, wenn Sie sich dabei im Spiegel betrachten. Am Anfang mag Ihnen das reichlich seltsam vorkommen, aber Sie werden sehen – je mehr Sie sich selbst Mut zulächeln, umso mehr verbindet sich dieses Bild mit Ihrem Unterbewusstsein und Ihr Selbstvertrauen wächst.
Die Siegerpose wurde übrigens intensiv erforscht: Sie senkt den Cortisolspiegel im Blut, den wichtigsten Stressmarker, in kürzester Zeit um 24 Prozent! Gleichzeitig steigt der Testosteronspiegel an – so, als hätte man gerade tatsächlich gewonnen. Wenn Sie Kopf und Schultern dagegen hängen lassen, steigt der Cortisolspiegel sofort wieder an. Und mit ihm Ihr Stresslevel.

Noch mehr Power-Posen

Weitere Power-Posen, mit denen Sie sich sofort wohler fühlen:

1. Aufrichten, groß machen und »die Welt umarmen«
2. Die Arme seitlich auf die Hüften setzen und breitbeinig hinstellen
3. Lässig im Stuhl zurücklehnen, die Armen hinter dem Kopf verschränken und dabei lächeln!

Trainieren Sie täglich

Probieren Sie die Power-Posen täglich morgens für einige Minuten aus und wählen Sie Ihre Lieblingspose. Wenden Sie diese während des Tages – z. B. in der Mittagspause – immer wieder an. Sie werden feststellen, dass Sie bald schon mit mehr Energie in den Tag starten und sich insgesamt viel wohler fühlen.

Zweites Kapitel

Mut zum eigenen Leben: Finden Sie heraus, was Sie wirklich wollen

In diesem Kapitel erfahren Sie

Dass Sie Ihr Leben genießen, ihm vertrauen und gut mit Ihren Bedürfnissen umgehen dürfen

Warum Verantwortung so wichtig ist

Weshalb Misserfolge Sie weiterbringen

Wer Sie unterstützen wird

Wie Sie Ziele erkennen und Grenzen setzen

SIE DÜRFEN GUT ZU SICH SEIN

Als Frau haben Sie eine statistische Lebenserwartung von 86 Jahren, als Mann dürfen Sie von 83 Jahren ausgehen. Das sind mindestens 30 300 Tage, die Sie auf der Welt sein können. Ziehen wir davon ein Drittel Zeit für Schlaf ab, bleiben noch 20 200 Tage. Zu viel kostbare Lebenszeit, um sie einfach verstreichen zu lassen, oder um mit dem Leben zu hadern.

Die meiste Zeit denken wir nicht darüber nach, dass wir einmal sterben werden. Wir gehen durch die Tage, als hätten wir alle Zeit dieser Welt, verschieben unser Leben aufs Wochenende und sind überwiegend mit Dingen beschäftigt, die wir nicht wirklich wollen. Viel Lebenszeit verbringen wir in dem Glauben, unser Glück hinge von anderen ab. Wenn unsere Chefs bloß unseren Wert anerkennen würden, unsere Partner mehr auf uns eingingen, würde das Leben so angenehm sein. Und wenn dann noch genügend Geld reinkäme – es wäre wunderbar! So aber ist es stressig, anstrengend und freudlos. Und da wir sowieso nichts ändern können, resignieren wir und bleiben im Leid stecken.

GUTES LEBEN ENTSTEHT AUS DEM GUTEN UMGANG MIT SICH SELBST

Doch dass wir uns mit unserem Leben nicht wohlfühlen, liegt nicht ausschließlich an unseren Lebensumständen. Es liegt vielmehr an der Art, wie wir mit unserem Leben umgehen. Aus Studien wissen wir, dass unser Verhalten und unsere Gedanken zu 40 Prozent dazu beitragen, ob wir uns wohlfühlen oder nicht. Nur 10 Prozent gehen auf das Konto unserer Lebensumstände und die restlichen 50 Prozent sind vererbt.

Mit unserem Denken und Handeln haben wir mächtige Werkzeuge in der Hand, um unser Leben immer wieder zu gestalten.

Wir alle leben in einer Welt, die sich an Äußerlichkeiten orientiert. Viel Geld zu haben und sich teure Dinge leisten zu können, wird gern »gut leben« genannt. Sie kennen bestimmt auch Menschen, die nach Besitz und Ansehen streben, weil sie davon überzeugt sind, es sei der Schlüssel zum persönlichen Glück. Vielleicht glauben Sie dies auch. Ein wirklich glückliches und zufriedenes Leben aber hat nur bedingt mit äußeren Umständen zu tun. Es entsteht aus dem guten Gefühl zu uns selbst und einer positiven, gelassenen und zuversichtlichen Lebenseinstellung.

DEM LEBEN VERTRAUEN

Wenn wir uns nicht glücklich fühlen, glauben wir schnell, etwas falsch gemacht zu haben. Oder vom Leben benachteiligt zu werden. Wir vergessen dabei, dass herausfordernde Zeiten genauso zum Leben gehören wie die unbeschwerten. Und dass das Glück selbst immer nur eine Momentaufnahme ist – niemand kann dauerhaft glücklich sein. Glück und Zufriedenheit können wir überhaupt nur erfahren, wenn wir auch die anderen Pole – Unglück und Unzufriedenheit – durchleben und aushalten. So schmerzlich das immer wieder ist.

SCHAUEN WIR ZURÜCK, WAREN ES MEISTENS DIE KRISEN, DIE UNS WEITERGEBRACHT HABEN.

Krisen zwangen uns dazu, anders zu denken und neue Lösungen für unsere Situation zu entwickeln. Meist können wir auch nur darüber staunen, wie sehr uns das Leben in schweren Zeiten unterstützt hat. Weil es uns zum richtigen Menschen, zum richtigen Buch oder zum richtigen Ort geführt hat. Grund genug, mit dem Leben Frieden zu schließen und auf alles, was noch kommt, neugierig zu sein. Um das Beste daraus zu machen.

»Es geht nicht darum, dem Leben mehr Tage zu geben, sondern den Tagen mehr Leben«, hat die englische Ärztin Cicely Saunders einmal gesagt. In dem Moment, wo Sie mit Ihrem Herzen verstehen, dass es auch schwierige Zeiten geben darf, Ihnen nicht immer alles gelingen muss und Sie sich und Ihr Leben trotzdem mögen dürfen, macht Ihr Selbstvertrauen einen Quantensprung nach vorn. Weil Sie Gelassenheit, Vertrauen und innere Freiheit gewinnen. Mehr brauchen Sie nicht, um jeden einzelnen Tag Ihres Lebens – ob schwierig oder leicht – zu nehmen, wie er ist und seine Möglichkeiten zu nutzen.

WIE SIE MIT IHREN BEDÜRFNISSEN GUT UMGEHEN

Praxistipps

Gut mit sich umgehen können Sie nur dann, wenn Sie wissen, was Sie zum Wohlfühlen brauchen. Bearbeiten Sie im Job gerade ein schwieriges Projekt, aber Ihre Kollegen unterbrechen Sie ständig, steigt wahrscheinlich irgendwann Ärger auf. Sie können in diesem Gefühl bleiben und Ihr Groll wird stetig zunehmen.

Sie können sich aber auch fragen, was Sie brauchen, damit Ihre Energie in Ihr Projekt und nicht in Ärger fließt.

Mehr Ruhe, um sich wieder konzentrieren zu können? Dann können Sie darum bitten, die nächsten zwei Stunden nicht gestört zu werden und schließen die Tür. Oder Sie suchen sich ein leeres Büro, in dem Sie in Ruhe weiterarbeiten können. Die folgenden Praxistipps unterstützen Sie dabei, konstruktiv mit Ihren Bedürfnissen umzugehen.

★ *Was fühlen Sie?*

Wenn Sie sich nicht wohlfühlen oder unruhig sind – atmen Sie zuerst tief durch. Dann versuchen Sie so genau wie möglich herauszufinden, worum es gerade geht. Je präziser Sie das Gefühl benennen, umso besser können Sie auch darauf reagieren. Das ist am Anfang wahrscheinlich ungewohnt, aber mit ein wenig Übung kommen Sie Ihrem Gefühl schnell auf die Spur.

★ *Welches Bedürfnis steckt dahinter?*

Wenn Sie Ihr Gefühl identifiziert haben, überlegen Sie, was Sie brauchen, damit Sie sich wieder besser fühlen. Fühlen Sie sich müde, kann es eine Pause oder überhaupt mehr Schlaf sein. Körperliche Bedürfnisse sind häufig leichter zu identifizieren als seelische. Hier hilft Ihnen die intensive Beobachtung Ihrer Gefühle weiter (siehe Seite 23).

Wie können Sie Ihr Bedürfnis stillen?

Wenn Sie Ihr Bedürfnis erkannt haben – wie können Sie es erfüllen? Vergessen Sie nicht: Sie sind heute erwachsen und kein abhängiges Kind mehr. Sie sind jetzt für Ihr Wohlergehen verantwortlich und entscheiden selbst, wie Sie mit Ihren Bedürfnissen umgehen.

Wer kann Sie dabei unterstützen?

Manchmal verfügen wir nicht über die Möglichkeiten oder Fähigkeiten, unser Bedürfnis zu erfüllen. Aber andere haben sie. Überlegen Sie, wer dies sein könnte und sprechen Sie Ihre Bitte nach Unterstützung aus. Verstecken Sie sich dabei nicht hinter Formulierungen wie »man« oder »wir«. Sagen Sie »ich«, es geht ja auch um Ihre Bedürfnisse. Am Anfang ist dies eine Umstellung, aber je öfter Sie auf Ihre Sprache achten, umso mehr verbinden Sie sich mit sich und nehmen Ihre Gefühle bewusster wahr.

Strategien entwickeln

Es gibt immer mehrere Strategien, um ein Bedürfnis zu erfüllen. Legen Sie in Ihrem Notizbuch eine Tabelle mit den Spalten »Bedürfnis« und »Wie ich mein Bedürfnis erfüllen kann« an. Wenn es beispielsweise um Anerkennung geht, könnten Sie ein Projekt oder ein Ehrenamt, z. B. im Tierheim, übernehmen und dies aufschreiben. Oder Sie notieren Ihre ganz persönliche Herausforderung, für die Sie sich selbst mit Anerkennung belohnen. Je mehr Auswahl Sie haben, umso besser können Sie in unterschiedlichen Situationen darauf reagieren.

Auch Verzicht ist wichtig

Keine Frage: Es ist ein Zeichen von Selbstvertrauen, wenn Sie Ihre Bedürfnisse erkennen und sich für sich einsetzen. Es ist aber auch ein Signal des verantwortungsvollen Umgangs mit sich selbst und anderen, auf etwas verzichten zu können. Weil Wichtigeres diesen Verzicht gerade verlangt. Wenn Sie unsicher sind, was Sie tun sollen – zeichnen Sie eine Skala von 1 bis 10 in Ihr Notizbuch und fragen Sie sich, wie nötig es gerade ist, dass Sie Ihr Bedürfnis erfüllen. Bei 1 ist es unwichtig, bei 10 sehr wichtig. Damit haben Sie eine Entscheidungsgrundlage.

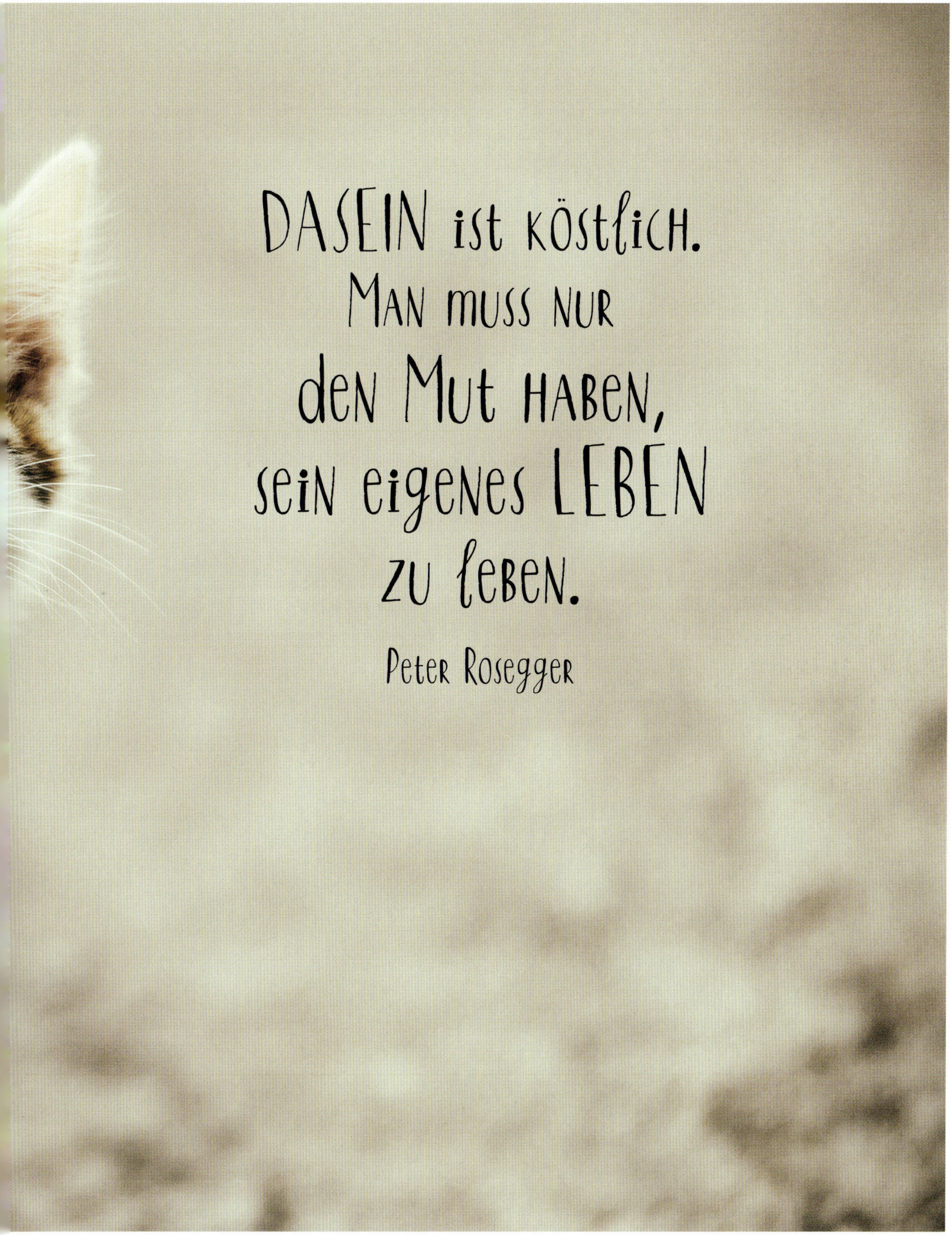

DASEIN ist köstlich.
MAN muss NUR
den Mut HABEN,
sein eigenes LEBEN
zu leben.

Peter Rosegger

MIT SICH IN KONTAKT BLEIBEN

Der amerikanische Autor und Mentaltrainer Charles R. Swindoll soll einmal gesagt haben, er sei der Überzeugung, dass sein Leben nur zu 10 Prozent aus dem bestünde, was ihm begegnet, und zu satten 90 Prozent aus dem, wie er darauf reagieren würde. Und tatsächlich fragt man sich bei manchen Menschen, die traumatische Schicksalsschläge erleiden, wie sie derart rasch ihren Lebensmut wiederfinden können. Menschen, die sich schneller von Fehlschlägen und Niederlagen erholen, weil es ihnen gelingt, sich auf ihre Stärken und Fähigkeiten zu besinnen, nennt man resilient, und ein wichtiger Faktor der Resilienz ist, neben dem Gefühl der Selbstwirksamkeit oder einer optimistischen Haltung, das Selbstvertrauen.

Resilienz ist nicht angeboren, sondern lässt sich erlernen.

Und es gibt zum Glück zahlreiche Möglichkeiten, wie Sie zu sich selbst und Ihren Bedürfnissen Kontakt aufnehmen und dadurch Ihr Selbstvertrauen weiter stärken können. Wichtig ist die Regelmäßigkeit, mit der Sie das tun, damit es zur Gewohnheit wird und langfristig eine Änderung bewirkt – siehe auch das Thema »Verpflichtungen eingehen« auf der nächsten Seite.

Auf den Atem hören

»——› Unser Atem ist die direkteste Verbindung zu uns selbst – er erzählt Ihnen viel über Ihren aktuellen körperlichen und seelischen Zustand. Sind Sie aufgeregt, atmen Sie schneller. Sind Sie entspannt und gelassen, atmen Sie ruhig und regelmäßig. Im Alltag immer wieder innezuhalten und Ihrem eigenen Atem zuzuhören ist der einfachste und schnellste Weg, Kontakt zu sich aufzunehmen.

Meditieren lernen

»——› Meditation ist eine hervorragende Möglichkeit, die Verbindung zu sich selbst zu stärken und innere Klarheit zu finden. Sie lernen dabei, Ihre Gefühle und Gedanken zu beobachten, ohne sie zu bewerten. Einfach zu erkennen, was sich in diesem Moment gerade zeigt. Mit der Zeit gelingt es Ihnen nicht nur zu Hause in ruhiger Umgebung, sondern auch im Alltag zwischendurch, äußere Eindrücke auszublenden und die Wahrnehmung nach innen zu richten. So können Sie jederzeit sehr schnell spüren, was gerade in Ihnen vorgeht. Es gibt zahlreiche gute Bücher und CDs, die in die Meditationspraxis einführen. Oder Sie besuchen zunächst einen Kurs, in dem Sie die Kunst der Innenschau lernen.

Nichtstun üben

»——› Wenn Sie nach der Arbeit nach Hause kommen, tauschen Sie Ihr Job-Outfit mit Ihren Lieblingsrelaxteilen und machen Sie einfach mal ... nichts. Wirklich nichts. Außer diese komplett zweckfreie Zeit mit sich und Ihrem Lieblingskaffee oder -tee zu genießen.

Verabredung mit sich selbst treffen

»——› Tragen Sie wöchentlich einen »Ich!«-Termin in Ihren Kalender ein. In dieser Zeit machen Sie nur Sachen, die Sie immer schon einmal tun wollten, zu denen Sie aber sonst nie kommen. Wichtig ist, dass es nur Dinge sind, die Ihnen Spaß machen und nichts mit Ihrer Arbeit oder Pflichten zu tun haben. Vielleicht verabreden Sie sich zum Schwimmen? Oder zum Kino? Oder in dem coolen Café, in das Sie schon immer mit einer Freundin gehen wollten?

Sich selbst Freude bereiten

»——› Machen Sie sich täglich eine Freude! Das kann der schön gedeckte Tisch sein, ein Blumenstrauß, der Anruf bei einem lieben Menschen oder die abendliche DVD-Serie, die Sie lieben. Dass es eine Freude ist, merken Sie, wenn Ihnen schon der Gedanke daran guttut.

Den Tag Revue passieren lassen

»——› Was hat Sie heute gefreut? Was geärgert? Was ist noch offen? Schreiben Sie alles in Ihr Notizbuch, was Sie noch beschäftigt. Dadurch besetzen Sie keinen Speicherplatz in Ihrem Gehirn, brauchen aber auch keine Sorge zu haben, dass Sie es vergessen. Beenden Sie Ihren Tagesrückblick mit einem schönen Ereignis. Sie werden sehen, dass sich selbst an scheinbar völlig misslungenen Tagen etwas Positives finden lässt.

Der Tagesrückblick ist ein wunderbares Ritual, noch einmal intensiv mit sich selbst in Kontakt zu kommen und den Tag – mit allen ups und downs, die er hatte – in Frieden zu verabschieden.

VERANTWORTUNG FÜR SICH ÜBERNEHMEN

Mehr Selbstvertrauen haben, sich besser fühlen und das Leben endlich selbst in die Hand nehmen – eine tolle Vorstellung! Doch wenn Sie dafür nichts tun, wird nicht mehr daraus werden als das, was es ist: eine schöne Idee. Damit sich etwas ändern kann, müssen Sie aktiv werden. Und die Verantwortung für sich und Ihr Leben übernehmen.

Vielleicht geht es Ihnen wie vielen Menschen, die gern selbstsicherer wären: Sie beschäftigen sich mit dem Thema, recherchieren im Internet und lesen Bücher. Aber, mal ehrlich: Für Übungen, wie sie beispielsweise dieses Buch anbietet, hatten Sie noch keine Zeit. Und die Praxistipps haben Sie sofort wieder vergessen. Was völlig normal ist. Man muss sich nämlich wieder und wieder mit dem Neuen beschäftigen, damit das Gehirn für die frischen Gedanken Platz schafft.

Unser Gehirn lehnt erst einmal alles, was es aus seinen vertrauten Denkgewohnheiten bringt, ab. Und legt eine extra dicke Schicht alter Gedanken darüber.

Es wäre also gut möglich, dass auch dieses Buch bald in Ihrem Regal landet und Sie enttäuscht sind, dass sich wieder einmal nichts geändert hat. Doch das muss nicht so kommen – wenn Sie die Verantwortung dafür übernehmen, neue Erfahrungen zu machen.

NUR VERPFLICHTETE MENSCHEN KOMMEN WEITER

Verpflichtung, oh je – das klingt nach lästigen, unangenehmen Aufgaben. Es ist jedoch eine Tatsache, dass wir nur an einer Sache dran bleiben, wenn sie uns richtig viel Spaß macht. Oder wir uns ihr gegenüber verpflichtet fühlen. Im Idealfall ist es eine Mischung aus beidem. Hundebesitzer zum Beispiel genießen die Liebe zu ihrem Vierbeiner, springen aber nicht vor Freude im Dreieck, wenn sie bei Regen und Sturm mit ihm raus müssen. Trotzdem tun sie es, schließlich wollen sie, dass es ihrem Hund gut geht und fühlen sich ihm gegenüber verpflichtet. Genauso ist es beim Lernen eines Musikinstruments, einer Sprache oder beim

Gehören Sie auch zu den Menschen, die Angst vor Entscheidungen haben und sie vor sich herschieben? Weil Sie nicht die Verantwortung für eine »falsche« mit all ihren Konsequenzen übernehmen möchten? Wenn Sie nicht entscheiden, überlassen Sie die Entscheidung anderen. Und verzichten auf ein selbstbestimmtes Leben. Und auf Selbstvertrauen. Denn Sie können kein Selbstvertrauen entwickeln, wenn Sie nicht auch Verantwortung übernehmen. Wenn wieder eine Entscheidung ansteht, denken Sie bitte an Folgendes: Es gibt kein Richtig und kein Falsch. Jede Wahl hat ihre Vor- und Nachteile, auch eine zunächst vermeintlich »falsche« Entscheidung kann sich im Nachhinein als sinnvoll erweisen. Wenn das nicht der Fall ist, können Sie eine neue treffen. Es ist Ihr Recht, sich irren zu dürfen. Auch – oder gerade – durch diese Erfahrung werden Sie bereichert. Wie sagte der österreichische Dichter Heimito von Doderer so schön? »Umwege erhöhen die Ortskenntnis.«

Sport: Wichtig ist es, ein klares Ziel vor Augen zu haben und es erreichen zu wollen, denn dann üben wir diszipliniert. Auch wenn es manchmal Überwindung kostet.

Verpflichtungen sind eine ideale Methode, um sich gut zu fühlen. Weil wir inneren Widerstand überwunden und etwas geleistet haben.

SO MOTIVIEREN SIE SICH

Wenn Sie sich fragen »Wie kann ich mit meinen Mitteln diese Situation verbessern?« oder »Was kann ich tun, damit mein Selbstvertrauen wächst?« oder »Wie kann ich meine Stärken so einsetzen, dass sie mir nützen?« übernehmen Sie Verantwortung. Weil Sie sich mit unangenehmen Erfahrungen auseinandersetzen, Lösungen suchen und das Beste aus Ihren Möglichkeiten machen wollen. Dabei reicht schon eine kleine Handlung, die Ihnen zeigt, dass Sie sich anders verhalten als früher. Allein das motiviert, weiter in die richtige Richtung zu gehen.

ABSTAND GEWINNEN

Übung

Auch in schwierigen Lebenslagen geht es darum, die Verantwortung für sich selbst zu übernehmen, egal, ob wir durch äußere Umstände unverschuldet in Schwierigkeiten geraten sind oder selbst etwas dazu beigetragen haben. Wenn Sie in negativen Emotionen gefangen sind und der Weg zum Selbstvertrauen gerade sehr weit erscheint, kann es helfen, von Ihrem inneren Erleben Abstand zu gewinnen. Eine wirksame Methode dazu ist der »Gedankenstopp«.

★ Wenn Sie merken, dass Sie sich Sorgen um Dinge machen, die Sie gerade nicht ändern können oder Ihr innerer Kritiker wieder tobt, dann sagen Sie einfach laut »Stopp« – am besten mit Ihrem Vornamen, also z. B. »Stopp, Barbara!«. So setzen Sie einen Punkt und gewinnen gleichzeitig Abstand, weil Sie sich von außen betrachten.

★ Schreiben Sie das, was gedanklich in Ihnen rumort, auf einen Zettel und legen Sie diesen in eine kleine Kiste, die Sie mit »Gedankengarage« beschriftet haben.

★ Wenn Sie gerade nichts zum Schreiben haben, dann bauen Sie eine innere Gedankengarage, in die Sie Ihre destruktiven Gedanken bringen können.

★ Nachdem Sie das Kistchen oder das gedankliche Tor geschlossen haben, atmen Sie tief durch, lockern Ihre Schultern und *gähnen herzhaft*, um den Kiefer zu entspannen.

★ Danach strecken Sie sich, nehmen eine aufrechte Haltung ein und konzentrieren sich auf etwas, worauf Sie sich freuen.

Ihr störender Gedanke ist zwar nicht aus der Welt, aber er ist gut verwahrt und kann Sie nicht weiter hinunterziehen. Wenn Sie wieder mehr Klarheit und Kraft haben, das, was sich da so vehement zu Wort gemeldet hat, anzugehen, können Sie Kiste oder Tor *öffnen* und das Thema mit neuer Energie bearbeiten.

LOSLASSEN, WAS NICHT MEHR ZU MIR PASST

Übung

Fast jeder Mensch schleppt Altlasten mit sich herum. Mangelndes Selbstvertrauen hat etwas mit unserer Herkunftsfamilie zu tun, in der nicht alles optimal gelaufen ist (siehe Seite 6). Oft sind dann noch alter Groll und Schmerz vorhanden, Gefühle, die uns unterschwellig beeinflussen und die wir erkennen und loslassen müssen, um Verantwortung für unsere aktuelle und zukünftige Lebenssituation zu übernehmen. Loslassen gelingt, indem Sie verzeihen. Die folgende Übung hilft Ihnen dabei.

★ Machen Sie es sich an Ihrem Lieblingsplatz bequem und schließen Sie die Augen. Stellen Sie sich einen Ort vor, an dem Sie sich wohl und geborgen fühlen und an dem – wenn Sie möchten – auch Ihr innerer Unterstützer siehe Seite 58) auf Sie wartet.

★ Atmen Sie einige Male tief ein und aus. Wenn Sie Ihren Ort gefunden haben, stellen Sie sich vor, dass der Mensch, dem Sie verzeihen möchten, dort eintrifft. Sie begrüßen sich, setzen sich und sagen dieser Person nun voller Respekt all das, was Sie gekränkt oder verletzt hat und was Sie heute immer noch belastet.

★ Dann sagen Sie ihr als nächstes, was Sie durch diese schmerzhafte Erfahrung gelernt haben. Falls Sie dies nicht wissen, fragen Sie danach. Sie werden eine Antwort erhalten.

★ Verabschieden Sie sich mit den Worten »Ich verzeihe dir aus ganzem Herzen und danke dir für die Erfahrung, die ich mit dir machen durfte.«

★ Wiederholen Sie diese innere Begegnung solange, bis Sie spüren, dass das Denken an diesen Menschen keinen Groll mehr in Ihnen hervorruft.

Mit dieser Übung können Sie sich auch selbst um Verzeihung bitten für all das, was Sie sich aus mangelndem Selbstvertrauen heraus angetan haben.

ZIELE FINDEN UND VERFOLGEN

Praxistipps

Mal ehrlich: Haben Sie Ziele? Falls nicht, keine Sorge. Viele Menschen haben keine. Auch wenn sie meinen, dass sie welche hätten. Aber häufig werden Wünsche mit Zielen verwechselt.

Wünsche

Beim Wünschen erwarten wir, dass das Erwünschte einfach zu uns kommt. Wie ein Geburtstags- oder Weihnachtsgeschenk: Man wünscht sich etwas, spricht es aus oder schreibt es auf seine Wunschliste und hofft, dass der Wunsch erfüllt wird.

Ziele

Haben wir Ziele, wird unser aktiver Einsatz verlangt. Wollen wir sie erreichen, müssen wir sie planen, von ihnen überzeugt sein und uns dann engagiert für sie einsetzen.

Sich Ziele zu setzen ist eine Sache. Eine ganz andere ist es, sie auch zu erreichen. Darauf kommt es an:

Sehnsüchte erkennen

★ Wünsche und Visionen sind nicht weniger wichtig als Ziele. Denn sie machen uns klar, was wir eigentlich möchten, sie fordern uns auf, uns endlich auf den Weg zu machen und geben uns wie ein Kompass die Marschrichtung vor. Achten Sie also im ersten Schritt auf immer wiederkehrende Wünsche und machen Sie den hartnäckigsten Wunsch zu Ihrem Ziel.

Setzen Sie sich stimmige Ziele

★ Wenn Sie in Ihrem Leben mit einem Thema oder Projekt weiterkommen möchten, brauchen Sie klug gesetzte Ziele. Sind sie zu hoch, besteht die Gefahr, dass Sie die Motivation verlieren. Sind sie zu niedrig, nehmen Sie sie nicht ernst und verfolgen sie nicht engagiert genug.

Setzen Sie sich Zwischenziele

★ Wenn Ihnen das gesetzte Ziel zwar durchaus erreichbar erscheint, Sie aber z. B. Angst vor der großen Veränderung haben, die es mit sich bringen könnte, setzen Sie sich Zwischenziele. Dann kommt Ihnen der Weg, der vor Ihnen liegt, nicht so erschreckend vor. Aus der kuscheligen Komfortzone aufzubrechen, in der wir uns so gut auskennen und in der es so bequem ist, kostet ganz schön Überwindung. Wir machen es uns leichter, wenn wir sie Stück für Stück erweitern. So, dass wir uns auf unserem Weg zwar herausgefordert, aber nie überfordert fühlen.

Formulieren Sie Ihre Ziele so konkret wie möglich

★ Statt »Ich möchte mal meine Selbstvertrauensübung machen« formulieren Sie »Ich mache nächste Woche täglich nach dem Aufstehen folgende Selbstvertrauensübung: Ich gehe in die Sieger-Pose und lächle mich im Spiegel an«.

Schreiben Sie Ihre Ziele auf

★ Das verleiht ihnen Gewicht und sie werden verbindlicher. Noch mehr Verbindlichkeit erhalten Sie mit Ihrer Unterschrift. Und einer Kopie des unterschriebenen Dokuments an eine Vertrauensperson.

Vermeiden Sie »kein« und »nicht«

★ Ihr Unterbewusstsein versteht keine Verneinung. Aus »Ich möchte nicht immer so unsicher sein« macht es »Ich möchte unsicher sein«. Formulieren Sie daher »Ich stärke täglich mein Selbstvertrauen. Ich nehme Herausforderungen an und lasse mich mutig auf alle neuen Erfahrungen ein.«

Malen Sie sich Ihr Ziel in leuchtenden Farben aus

★ Stellen Sie sich so oft und so lebhaft wie möglich vor, wie es ist, wenn Sie Ihr Ziel erreicht haben. Ihr Gehirn denkt in Bildern und leitet diese sofort in Ihr Unterbewusstsein. Das wiederum kümmert sich darum, dass der innere Zustand im Äußeren sichtbar wird.

Bleiben Sie dran!

★ Schwierigkeiten gehören dazu. Als Mensch sind Sie ein »Gewohnheitstier« und jede Veränderung lehnt Ihr System erst einmal ab. Wenn Sie aber geduldig immer wieder das Neue, das Sie haben möchten, anwenden, wird dieses bald zu Ihrem System gehören.

ES DARF AUCH SCHIEFGEHEN – ZUM GLÜCK!

Scheitern – das fühlt sich nicht gut an. Man ist enttäuscht, demotiviert, und schämt sich vielleicht sogar, weil man sein Ziel nicht erreicht hat. In unserer leistungsorientierten Gesellschaft gilt Misserfolg häufig als Zeichen für Unwissenheit und Schwäche, daher würde man sich die schmerzhafte Erfahrung von Niederlagen oder Fehlern gern ersparen. Was aber nicht geht, denn Scheitern gehört zu unserer menschlichen Entwicklung dazu. Die Frage ist allerdings, wie wir mit dem, was nicht gelingt, umgehen. Und ein »gescheites Scheitern« daraus machen.

Dass Misserfolge nicht gerade die ideale Voraussetzung sind, sich gut und entspannt zu fühlen – keine Frage. Aber wenn man nach einer Zeit des Wundenleckens den Rückschlag annehmen kann, erlebt man, dass Raum für neue Möglichkeiten entsteht. »An Niederlagen wächst man« und »aus Fehlern wird man klug« weiß auch der Volksmund. Denn gerade im Scheitern steckt eine einzigartige und wichtige Botschaft, die den persönlichen Wachstumsprozess erst richtig in Gang bringt.

WER SCHEITERT, LERNT SEINE GRENZEN KENNEN, UM ÜBER SIE HINAUSZUWACHSEN.

DUMM GELAUFEN – UND GROSS RAUSGEKOMMEN!

Sie kennen bestimmt Post-its, diese nützlichen kleinen Zettel, die man überall hin kleben kann. Eigentlich wollte der Chemiker Spencer Silver einen Superkleber erfinden. Aber der Versuch ging so gründlich schief, dass nur ein schwacher Leim herauskam, der sich rückstandlos wieder abziehen ließ. Ein Kollege Silvers schmierte diesen später auf Lesezeichen, damit sie ihm im Kirchenchor nicht mehr ständig aus den Noten fielen. Das Post-it war geboren und wurde von der amerikanischen Zeitung »Fortune« sogar als eine der wichtigsten Erfindungen des 20. Jahrhunderts gewürdigt.
Das Eis am Stiel wurde erfunden, weil der elfjährige Frank Epperson im Winter 1905 ein Glas Limonade mit Brausepulver mixte, mit einem Holzstab umrührte und

es zur Abkühlung auf das Fensterbrett stellte. Er vergaß es, ging zu Bett und als es ihm am nächsten Morgen wieder einfiel, fand er einen farbigen Eisklotz mit Stiel in seinem Glas vor. Er kippte es um, lutschte daran und fand es köstlich. Als Erwachsener erinnerte sich Epperson in einem heißen Sommer an sein Limo-Eis. Kühlschränke mit Tiefkühlfächern gab es inzwischen in jeder Küche und Epperson meldete seinen Eislutscher als Patent an. Womit der weltweite Siegeszug von Eis am Stiel begann.

Auch Penicillin, das älteste Antibiotikum, ist das Ergebnis einer Nachlässigkeit. Der schottische Bakteriologe Alexander Fleming hatte eine Probe mit Bakterien geimpft und anschließend vergessen, sie zu entsorgen. Als er nach den Ferien zurückkam, war die Kultur von einem Schimmelpilz befallen, der die Bakterien an der Ausbreitung hinderte. Und das Penicillin war entdeckt.

NIEDERLAGEN ALS CHANCE

Wenn Sie nach einem Misserfolg aufstehen und den Staub von den Schultern klopfen, haben Sie die Möglichkeit, komplett neu zu denken. Plan A hat nicht geklappt, gut, dann kommt jetzt Plan B. Wenn dieser auch nicht greift, nehmen Sie Plan C. Scheitern ist im besten Sinne ein neuer Anfang, Um schließlich dorthin zu kommen, wohin Sie möchten.

Schauen Sie doch mal auf Ihr Leben. Wo hat sich aus einem Scheitern, aus einer Niederlage oder einem Fehler, Gutes für Sie ergeben? Auf welche neuen Ideen sind Sie erst durch ein vorheriges Scheitern gekommen?

TRAINING FÜRS SELBSTBVERTRAUEN

Übung

Mit dieser Checkliste trainieren Sie einen sinnvollen Umgang mit Misserfolgen, Sie können Sie bei Bedarf zur Hand nehmen und stärken so Ihr Selbstvertrauen. Auch die Übung lässt Ihr Selbstvertrauen wachsen und stärkt wichtige Fähigkeiten, die Sie beruflich wie privat unterstützen. Sie können sie täglich zu den verschiedensten Themen machen.

CHECKLISTE: WIE ICH MIT EINER NIEDERLAGE GUT UMGEHE

Okay, ich habe gerade einen Misserfolg. Was ich jetzt tun kann:

- Enttäuschung, Traurigkeit, Verwirrung oder Scham fühlen sich nicht gut an. Aber ich sehe, wie sie mir auch nützen können: Weil ich mich so schlecht fühle, sorgt die Erfahrung dafür, dass ich den gleichen Fehler nicht noch einmal mache. Auch wenn es weh tut – es ist eine effektive Art, zu lernen und weiterzukommen.
- Ich gebe meinen Fehler zu. Damit gebe ich mir die Chance, wirklich aus ihm zu lernen und erhalte Respekt von anderen, weil ich zu meinem Misserfolg stehe. Nur wenige haben den Mut, Fehler offen zuzugeben. Das ist sympathisch und menschlich. Genauso, wie sich zu irren.
- Ich versuche, zu akzeptieren, dass mein Fehler nicht mehr zu ändern ist, dass »Warum?« und »Hätte ich doch bloß« mich nicht weiterbringen. Ich bemühe mich, kein Drama daraus zu spinnen, indem ich gleich noch weitere alte Fehler ausgrabe oder mich selbst komplett infrage stelle. Stattdessen stehe ich auf, schüttele mich und schaue wieder nach vorn.
- Da ich jetzt weiß, wie es nicht geht, versuche ich erneut, aber auf anderen Wegen, dorthin zu kommen, wo ich hin möchte. Vielleicht muss ich auch mein Ziel überdenken? Mein Misserfolg ist keine Katastrophe. Schlimm wäre nur, wenn ich jetzt aufgebe.

- Wer weiß, wofür es gut ist? Ich denke an die vielen genialen Erfindungen, die nur entstanden sind, weil Menschen durch ihre Misserfolge auf völlig neue Gedanken gekommen sind: Wenn es schief geht, kann es besser kommen!
- Wird in meinem Umfeld gar nicht positiv und konstruktiv mit Fehlern umgegangen? Habe ich die Möglichkeit, daran etwas zu verändern? Falls nicht: Sollte ich planen, mich von dort zu verabschieden?

SPIELEN SIE SELBSTVERTRAUEN!

Die Methode »Zu tun als ob« ist hervorragend geeignet, wenn Sie sich etwas nicht zutrauen und am liebsten davor drücken möchten.
Nehmen Sie sich eine halbe Stunde Zeit und wählen Sie ein Vorhaben oder Projekt, bei dem Sie sich unsicher fühlen. Nun stellen Sie sich vor, dass Sie keinen Zweifel daran haben, diese Angelegenheit erfolgreich durchzuführen. Welches Gefühl entsteht in Ihnen? Wie verhalten Sie sich mit dieser Einstellung anderen Menschen, etwa Ihrem ewig nörgelnden Nachbarn, dem Lehrer Ihres Kindes, Ihren Kollegen gegenüber? Wie fühlt es sich an, wenn Sie z. B. im Gespräch mit Ihrem ungeduldigen Chef sachlich bleiben und der Termin einen guten Verlauf nimmt?

Spielen Sie die positive Vorstellung, wie Sie Ihr Vorhaben bravourös meistern, in allen Einzelheiten durch – im ersten Durchlauf auf dem Sofa und im zweiten stehend vor dem Spiegel:

- Wie treten Sie auf? Wie ist Ihre Körpersprache (siehe Positive Körperhaltungen Seite 36 / 37)?
- Was sagen Sie, wenn Sie von Ihrem Thema überzeugt sind und sich damit wohlfühlen?

Wenn Sie diese Übung rechtzeitig vor Ihrer Herausforderung zwei Wochen täglich machen, ersetzen Sie Stück für Stück die alte Vorstellung »Ich schaffe das nicht« durch die neue »Es wird mir gelingen!«
Ihre Bilder, Vorstellungen und Übungen, die Situation mit Bravour zu meistern, senden Ihrem Unterbewusstsein die Botschaft, dass Sie es können. Sie werden sich später in der realen Situation tatsächlich besser und sicherer fühlen.

DEN INNEREN UNTERSTÜTZER ENTDECKEN

So, wie es den inneren Kritiker gibt, so haben wir auch einen inneren Unterstützer in uns. Es ist jene Instanz, die uns bedingungslos wohlgesonnen ist, die möchte, dass es uns gut geht und wir an uns glauben. Wenn wir wenig Selbstvertrauen haben, ist die Stimme des inneren Unterstützers meist sehr leise und wir überhören sie – auch weil der innere Kritiker sie übertönt. Aber wir können lernen, sie wahrzunehmen und lauter werden zu lassen. Je deutlicher wir die positive Stimme schließlich hören, umso mehr Mut und Energie haben wir, Schritt für Schritt das Leben zu führen, das wir uns wünschen.

Der innere Unterstützer ist eine mächtige Kraftquelle und schenkt uns das, was wir zum guten Leben unbedingt brauchen: Annahme, Vertrauen, bedingungslose Liebe.

Er ist Tag und Nacht für uns da und möchte, dass wir an unserem Leben Freude haben.

Manche Menschen nennen diese Kraft Gott. Andere bezeichnen sie als Schutzengel, Höhere Macht, die Liebe, das Gute, die Natur oder das Universum. Für wieder andere ist es ein Heiliger ihrer Religion. Oder sie erleben den inneren Unterstützer als einen Menschen, der ihnen Kraft verleiht, wenn sie nur an ihn denken. Das kann auch eine bereits verstorbene Person sein.

Egal, wer Ihr innerer Unterstützer ist – wichtig ist, dass Sie sich mit Ihren Anliegen bei ihm gut aufgehoben fühlen und schon der Gedanke an ihn Ihre positiven Energien zum Fließen bringt.

DEN INNEREN UNTERSTÜTZER SELBST GESTALTEN

Wenn Sie Schwierigkeiten damit haben, diese innere positive Stimme in sich wahrzunehmen, dann gestalten Sie Ihren Begleiter einfach ganz nach Ihren Vorstellungen, so, wie Sie ihn an Ihrer Seite brauchen.

Was wünschen Sie sich von jemandem, der bedingungslos für Sie da ist?
Was soll er für Sie tun? Wann soll er für Sie da sein?

Stellen Sie sich eine schwierige Situation vor, die in nächster Zeit ansteht. Was soll Ihr innerer Unterstützer zu Ihnen sagen, damit Sie an sich glauben?

Schließen Sie die Augen und stellen Sie sich Ihren inneren Unterstützer vor.
Lassen Sie sich Zeit. Wenn Sie ein Bild von ihm haben, malen Sie ein Symbol dafür.

Übertragen Sie dieses Symbol auf einen Zettel. Das kann ein Baum sein, der Sie an Stärke und Standhaftigkeit erinnert. Oder ein Herz, das die Liebe und das Zutrauen Ihrer Großmutter in Ihnen wachruft. Das Symbol ist nun mit dem inneren Bild und der Botschaft Ihres inneren Unterstützers verknüpft. Schauen Sie es immer wieder an und tragen Sie es so lange mit sich, bis Sie die ermutigende und wohlwollende Stimme Ihres inneren Unterstützers in sich hören können. Und spüren, wie gut sie Ihnen tut.

OFFEN SEIN UND GRENZEN SETZEN

Das kennen Sie bestimmt auch: Sie kommen in eine Gesellschaft, z. B. auf eine Party, kennen niemanden, alle reden angeregt miteinander und Sie fühlen sich komplett überflüssig. Und würden am liebsten gleich wieder gehen. Wenn der Gastgeber Sie jetzt nicht bekannt macht und Beziehungen herstellt – dann stehen Sie richtig unter Stress.
Dabei sind Sie mit Ihrer Persönlichkeit und einzigartigen Biografie eine Bereicherung in jedem Gesellschaftspuzzle! Für andere können Ihre Erfahrungen und Erlebnisse Gold wert sein, weil sie sich vielleicht gerade in einer Lebenssituation befinden, die Sie bereits durchgemacht haben. Sich den Reichtum des eigenen Erfahrungsschatzes immer wieder bewusst zu machen ist eine kostbare Hilfe, um mit anderen in Kontakt zu kommen.

AUCH DIE ANDEREN SIND GESCHENKE

So wie Sie andere mit Ihrer Persönlichkeit bereichern, so werden Sie auch durch den Kontakt mit anderen beschenkt.

Wenn Sie jetzt denken »Na, da kenne ich aber viele, bei denen ich gern darauf verzichte« – dann versuchen Sie doch einmal, die positiven Seiten der Menschen wahrzunehmen, die sie umgeben. Nicht deren Defizite.

Behandeln Sie Menschen mit Achtung. Wenn sie sich Ihnen gegenüber schlecht benehmen, zahlen Sie es nicht mit gleicher Münze zurück.

Zugegeben – das ist manchmal sehr schwer. Aber seien Sie sich Ihrer Würde bewusst. Ihren Selbstwert erhalten Sie nicht von anderen, sondern geben ihn sich selbst. Wenn jemand Sie unangemessen behandelt, liegt darin auch die Chance, Ihr Selbstvertrauen zu stärken – indem Sie für sich eintreten und eine klare Grenze ziehen. Damit setzen Sie ein deutliches Signal, dass man so mit Ihnen nicht umgeht (siehe Seite 62).

Wie Sie schon wissen, kommt es vor allem auf unsere innere Einstellung an, ob Begegnungen positiv wirken oder eben nicht. Von daher:

- Begegnen Sie Menschen mit Neugier und Offenheit, sehen Sie ihren Reichtum und ihre Möglichkeiten: »Ich bin gespannt, was sich in diesem Menschen verbirgt und er für mein Leben bedeutet.«
- Lächeln wirkt Wunder! Sie werden sehen: Der Kontakt ist gleich viel leichter hergestellt. »Der kürzeste Weg zwischen zwei Menschen ist ein Lächeln« wussten auch schon die alten Chinesen.
- Zeigen Sie Wohlwollen und Interesse. Schauen Sie Ihr Gegenüber an, stellen Sie Fragen. Wenn Sie den Namen Ihres Gesprächspartners kennen, sprechen Sie ihn persönlich an. Beim Namen genannt zu werden, tut jedem Menschen gut!
- Lassen Sie anderen ihre Freiheit, so wie Sie auch Ihre Freiheit möchten. Und erwarten Sie vor allem keine bestimmten Reaktionen (siehe auch Seite 79).
- Menschen, die sich Ihnen gegenüber unangemessen benehmen, erklären Sie am besten in einer ruhigen Minute und nicht wenn Sie sich noch ärgern oder verletzt fühlen, dass ihr Verhalten deplatziert ist. Wenn es trotz Ihrer Klarstellung anhält, reduzieren Sie den Kontakt oder brechen Sie ihn ganz ab.

Kollegen oder Vorgesetzten gegenüber ist dies nicht machbar. Verhalten Sie sich im Umgang mit ihnen so distanziert wie nötig und neutral-freundlich wie möglich.

SIE VERÄNDERN SICH – IHRE BEZIEHUNGEN AUCH

Wenn Sie mehr Selbstvertrauen entwickeln, kann es mit Menschen, die Sie jahrelang begleitet haben, schwieriger werden. Weil Sie jetzt aktiver sind und mehr Entscheidungen treffen, nehmen Sie eine andere, neue Rolle ein. Das stellt Beziehungen mitunter hart auf die Probe – manche halten das nicht aus und müssen möglicherweise beendet werden. Es kann aber auch gelingen, die Beziehung auf eine neue, gleichberechtigtere Ebene zu stellen. Wozu allerdings immer zwei gehören.

Inneres Wachstum ist ein intensiver Prozess und kann mit gefühlsmäßigem Schmerz einhergehen. Doch Sie dürfen darauf vertrauen, dass Sie neue Menschen finden werden. Bei denen Sie sich sicher, aufgehoben und willkommen fühlen.

NEIN HEISST NEIN

Eine wichtige Fähigkeit, die wir im Umgang mit anderen benötigen, ist, sich gesund abzugrenzen. Dazu gehört es, Nein sagen zu können. Wenn Ihre Kollegin Sie um den Gefallen bittet, ihr Projekt zu übernehmen, oder Ihre Verwandtschaft meint, dass Sie die anstehende Familienfeier wieder bei sich ausrichten könnten, »weil es letztes Mal doch auch so gelungen war«, Sie aber selbst gerade nicht wissen, wo Ihnen der Kopf steht und das letzte, was Sie brauchen können, eine neue Aufgabe ist, geht es darum, sich mutig für sich einzusetzen und die Bitte abzulehnen. Denn Selbstvertrauen bedeutet auch, sich von den Wünschen anderer nicht vereinnahmen zu lassen und gesunde Grenzen zu setzen.

Insbesondere, wenn Sie dazu neigen, es allen recht machen zu wollen und dabei die eigenen Bedürfnisse ignorieren – aus Angst, jemand könnte verärgert sein oder ungehalten reagieren, Sie ablehnen und nichts mehr mit Ihnen zu tun haben wollen. Wir brauchen die Unterstützung anderer, klar, doch vor allem brauchen wir unseren eigenen Beistand als fürsorglichen Mutmacher, Förderer und Unterstützer.
Die Wünsche anderer zu erfüllen, um gemocht zu werden, ist kindliches Denken. Sie dürfen es getrost verabschieden. Heute sind Sie erwachsen, die Regeln haben sich geändert und Sie haben ein Recht auf Ihre eigenen Interessen und Wünsche. Diese brauchen Sie auch, wenn Sie gesund bleiben und sich entwickeln möchten. Nehmen Sie sich mit Ihren eigenen Anliegen wichtig, werden Sie auch die überraschende Erfahrung machen, dass man Sie deshalb nicht weniger mögen wird. So unglaublich Ihnen das jetzt noch erscheinen mag.

ES GEHT IM LEBEN WESENTLICH DARUM, SICH ABZUGRENZEN UND IN KONTAKT MIT SICH UND ANDEREN ZU BLEIBEN.

ÜBEN SIE »NEIN SAGEN«

Wenn Sie um einen Gefallen gebeten werden, antworten Sie nicht sofort. Sagen Sie, dass Sie erst in Ihren Kalender schauen müssen und sich dann wieder melden. Dann können Sie in Ruhe überlegen. Vielleicht möchten Sie helfen, weil es Ihnen ein persönliches Anliegen ist. Es geht ja nicht darum, dass Sie zu einem generellen »Nein-Sager« werden. Es geht darum, dass Sie erkennen, ob Sie Ihre Zeit und Energie einem anderen zur Verfügung stellen möchten und wenn das nicht der Fall sein sollte, in der Lage sind, dies auch abzulehnen.
Wenn Sie zu dem Schluss kommen, dass Sie etwas nicht wollen, üben Sie die Absage. Sagen Sie vor dem Spiegel in freundlichem Ton »Tut mir leid, aber da habe ich keine Zeit«. Das reicht. Sie müssen Ihre Entscheidung weder begründen noch rechtfertigen. Falls Ihr Gegenüber nicht locker lässt und versucht, Sie zu überzeugen, können Sie beispielsweise freundlich, aber mit klarer und fester Stimme fragen, welcher Teil Ihres Neins nicht verstanden wurde. Dann weiß Ihr Gegenüber, dass Sie meinen, was Sie sagen. Am Anfang kostet es wahrscheinlich Überwindung, aber je öfter Sie diese Sätze für sich sprechen, umso selbstverständlicher werden sie und Sie fühlen sich mit Absagen nicht mehr unwohl. Wenn Sie dann das erste Mal tatsächlich gegenüber jemandem ein Nein formulieren, wird es immer noch aufregend sein – aber Sie sind bestens vorbereitet. Und der Gedanke »Ich tue es für mich – nicht gegen dich« wird Sie unterstützen.

Nutzen Sie die Bedenkzeit, um die Anfrage wirklich in Ihrem eigenen Interesse zu entscheiden. Fragen Sie sich:

- *Möchte ich das wirklich?*
- *Habe ich auch etwas davon?*
- *Wie könnte ich meine kostbare Zeit, die ich zur Verfügung stellen müsste, für das Weiterkommen bei meinen eigenen Themen nutzen?*

Notieren Sie diese Fragen auf einen kleinen Zettel und legen Sie ihn in Ihren Geldbeutel, oder an einen Ort, wo Sie ihn immer griffbereit haben. Wenn Ihre Antworten so ausfallen, dass Sie die Bitte ablehnen möchten, dann tun Sie es freundlich, aber bestimmt. Denken Sie daran: ein Nein bedeutet immer auch ein Ja zum eigenen Leben. Sie drücken damit sich selbst und Ihren eigenen Bedürfnissen gegenüber Wertschätzung aus.

SCHRITT FÜR SCHRITT SICH SELBST STÄRKEN

1

Gutes Leben

Gehen Sie bei Misserfolgen und Rückschlägen wohlwollend und liebevoll mit sich um. Was würden Sie Ihrem Kind oder Ihrer besten Freundin in einer solchen Situation sagen, wie sich verhalten? Wer sich Selbstmitgefühl und Verständnis entgegenbringt, kommt bei dem, was er erreichen möchte, viel schneller voran als jemand, der sich verurteilt und herabsetzt.

2

Herausfinden, was Sie zum Wohlfühlen brauchen

Es gibt zahlreiche Möglichkeiten mit sich in Kontakt zu kommen, um seine Bedürfnisse zu erkennen, z. B. die Thymusdrüse zu aktivieren. Sie sitzt in der Mitte des Brustkorbs unter dem oberen Brustbein und trägt zu Wohlgefühl und Gelassenheit bei. Sie können sie innerhalb weniger Sekunden anregen, indem Sie mehrmals am Tag mit den Fingerspitzen einer Hand sanft 30 bis 60 Sekunden auf die Mitte Ihres Brustbeins klopfen.

3

Verantwortung übernehmen

Wenn Sie das Beste aus Ihren Möglichkeiten machen wollen, übernehmen Sie die Verantwortung für Ihre persönliche Entwicklung und verpflichten Sie sich ihr gegenüber. So kommen Sie weiter, weil Sie – auch wenn es manchmal richtig Überwindung kostet – an Ihrem Ziel dranbleiben und Ihr Projekt so Stück für Stück realisieren.

4

Konstruktiv mit Misserfolgen umgehen

Sie dürfen Fehler machen. Wenn Sie nicht zu lang auf dem Misserfolg herumreiten, bringt jeder Fehler Sie weiter. Um sich selbst zu stärken, können Sie z. B. Menschen um sich herum sammeln, die Sie respektieren, unterstützen und mit denen Sie sich wohl fühlen. Das ist Energie pur und Sie leben damit Ihre Entscheidung, gut mit sich umzugehen.

5

Den inneren Unterstützer aktivieren

Ihr innerer Unterstützer, die mächtige Kraftquelle in Ihnen, schenkt Ihnen all das, was Sie zum Wohlfühlen brauchen: Annahme, Vertrauen und bedingungslose Liebe. Konzentrieren Sie sich bewusst auf diese liebevolle Stimme, um Kraft für die nächsten Herausforderungen zu finden.

6

Setzen Sie Grenzen

Sie dürfen auch bewusst Grenzen setzen, selbst wenn Sie anfangs gewohnheitsmäßig Sorge haben, Sie könnten nicht mehr gemocht werden. Sie sind erwachsen und haben ein Recht auf Ihre Bedürfnisse. Üben Sie, Nein zu sagen und tun Sie es, selbst wenn das für Ihr Umfeld ungewohnt ist.

Drittes Kapitel

Gelassener, glücklicher, gesünder: Wie Sie mit Selbstvertrauen Ihr Leben meistern

In diesem Kapitel erfahren Sie

Wie klug und stark Ihr Körper ist und wie Sie seine Selbstheilungskräfte unterstützen

Warum Gefühle wie Freude, Hoffnung und Vertrauen so wichtig sind

Wie Sie mehr Selbstvertrauen im Kontakt mit Menschen entwickeln

Wie Sinn und ideelle Werte Ihre Lebensenergie zum Sprudeln bringen

WIE IHR KÖRPER UND IHRE SEELE ZUSAMMENHÄNGEN

»Das lastet schwer auf meinen Schultern«, »Lass den Kopf nicht hängen« oder »Da bleibt mir die Spucke weg« – viele Redewendungen unserer Sprache zeigen, wie eng Körper und Seele miteinander verquickt sind. Schon in der Antike wusste man um diese Verbindung, aus dieser Zeit stammt der Spruch »In einem gesunden Leib wohnt ein gesunder Geist«. Im Laufe der Jahrhunderte aber hat die Medizin ihre Aufmerksamkeit fast ausschließlich dem Körper gewidmet. Erst seit einigen Jahrzehnten wird intensiv erforscht, wie Denken und Fühlen auf den Körper wirken und umgekehrt. Und wie wir mit unseren Gedanken unser Wohlbefinden beeinflussen können.

Haben wir Stress, erleben wir die Verbindung zwischen Körper und Seele ganz deutlich. Zum übervollen Terminkalender kommen neue Projekte und schon schlägt das Gehirn Alarm: »Wie soll das alles bloß rechtzeitig fertig werden?« Wir fühlen uns »unter Druck« und tatsächlich steigt der Blutdruck, das Herz klopft spürbar, wir atmen schneller und flacher. Gleichzeitig entscheiden wir blitzschnell, was zuerst getan werden muss. Und schaffen irgendwie doch wieder das Mammutprogramm. Weil Stress uns – zumindest kurzfristig – Energien für Höchstleistungen zur Verfügung stellt. Wie bei Sportlern im Wettkampf sorgt ein Cocktail aus Stresshormonen dafür, dass wir extreme Herausforderungen bewältigen können. Leistungsfähig und gesund bleiben wir aber nur, wenn wir nach einer solchen Phase der Anspannung wieder zur Ruhe kommen.

Ständiger Stress ohne ausreichende Erholung ist eine Gefahr für die Gesundheit und einer der größten Risikofaktoren für Herzerkrankungen und Burn-out – für chronisches Erschöpft- oder Ausgebranntsein.

AUCH MANGELNDES SELBSTVERTRAUEN STRESST

Man macht sich das oft gar nicht klar – aber mangelndes Selbstvertrauen ist ein enormer Stressfaktor. Wer sich ständig mit sich und anderen Menschen unsicher fühlt und Angst hat, nicht gut genug zu sein, steht körperlich wie seelisch unter Dauerspannung. Auf physischer Ebene wirkt sich die Anspannung auf sämtliche Körperfunktionen aus, sie zeigt sich besonders durch verspannte Muskeln, die meist zu Kopfschmerzen, Rückenschmerzen oder Magen-Darm-Problemen führen. Schmerzen gepaart mit permanenter Angst und Unsicherheit belasten jedoch ebenso die Psyche. Der amerikanische Mediziner Edmund Jacobson hat dies in den 30er-Jahren des letzten Jahrhunderts erkannt und eine der besterforschten und wirksamsten Entspannungsmethoden entwickelt: die progressive Muskelrelaxation, abgekürzt auch PMR. Durch kontrollierte Anspannung und Entspannung der Muskeln werden die Selbstheilungskräfte im Körper aktiviert, Spannungen abgebaut und dadurch auch Ängste aufgelöst.

VERTRAUEN IN DIE EIGENEN HEILKRÄFTE

Der Schnitt im Daumen verheilt innerhalb von ein paar Tagen und eine Erkältung klingt auch bald wieder ab – die faszinierende Wirkung Ihrer Selbstheilungskräfte können Sie täglich erleben. Ihr Körper braucht allerdings ein Klima aus positiver Lebenseinstellung und Vertrauen, um sich optimal selbst heilen und Sie vor schädlichen Einflüssen wie Bakterien und Viren schützen zu können. So hielten beispielsweise Kriegsgefangene, die wussten, dass sie zu Hause von ihren Angehörigen erwartet wurden, die Strapazen des Straflagers besser aus, als diejenigen, die erfahren hatten, dass ihre Familien umgekommen waren.

Die innere Haltung mobilisiert Widerstandskräfte und Reserven, die dabei unterstützen, selbst schlimmste Belastungen auszuhalten.

Mediziner betonen mittlerweile immer wieder, wie wichtig es ist, dass der Patient unbedingt gesund werden will. Der griechische Arzt Hippokrates wusste bereits vor 2.500 Jahren um die Macht der Psyche auf die Heilkräfte des Körpers. Er verabreichte wirkungslose Medikamente mit der Information, dass sie garantiert wirken würden. Seine Patienten glaubten ihm, vertrauten seiner Medizin und wurden gesund. Hippokrates praktizierte das, was man heute »Placebo-Effekt« nennt.

IHR DENKEN ENTSCHEIDET

Ihre Gedanken und Gefühle, Ihre Bewertungen und Einstellungen hemmen oder fördern Ihre Selbstheilungskräfte, da Sie durch sie Ihre gesamten körperlichen Reaktionen beeinflussen. Wenn Sie sich ablehnen, sich nichts zutrauen, gleichzeitig aber von anderen und sich Perfektion erwarten und die Zukunft fürchten, verhindern Sie, dass Ihre Selbstheilungskräfte wirken können. Wenn Sie dagegen auf Ihre Fähigkeiten vertrauen, sich selbst annehmen und der kommenden Zeit zuversichtlich entgegensehen, stärken und beleben Sie sie.

Ihre Selbstheilungskräfte unterstützen Sie mit Affirmationen wie »Es geht mir gut«, »Ich bin gesund«, »Ich schaffe das« oder »Ich bin fähig, mit allem umzugehen, was auf mich zukommt«.

EIN LEBEN LANG DIE PSYCHISCHEN STÄRKEN FÖRDERN

Gesund bleiben oder werden wir, wenn wir nicht ständig die Symptome einer Krankheit und unsere Defizite im Blick haben. Sondern unseren Ressourcen Aufmerksamkeit schenken, also dem, was stark und kräftig an uns ist.
Aus der Forschung mit Hundertjährigen weiß man, dass es bei einem erfüllten, zufriedenen Leben vor allem darauf ankommt, die eigenen psychischen Stärken sein Leben lang auszubauen. Das können Sie, indem Sie Ihrem Dasein Sinn geben, sich Ihre Werte bewusst machen und so gut wie möglich nach ihnen leben (siehe ab Seite 86). Auch die Fähigkeit Strategien zu entwickeln, die Ihnen dabei helfen, besser mit Schwierigkeiten klarzukommen und zuversichtlich zu bleiben, gehört dazu. Und – ganz wichtig: sich immer wieder motivierende und herausfordernde Ziele zu setzen.

GLÜCK FÖRDERT DIE GESUNDHEIT

Dass eine lebensbejahende Einstellung eine der wichtigsten Säulen unserer Gesundheit ist, haben inzwischen viele wissenschaftliche Studien belegt.
Weil sie positive Emotionen wie Zuversicht, Hoffnung und Freude fördert, die wiederum das Immunsystem so sehr beeinflussen, dass es Krankheiten besser und erfolgreicher abwehren kann.

Freuen Sie sich so oft wie möglich, lachen und genießen Sie!

Denn dann strömen die Glückshormone durch Ihren Körper. Sie sind entspannt und fühlen sich rundum wohl – die beste Voraussetzung zum Gesundwerden und Gesundbleiben.

Das heißt aber nicht, dass Sie negative Emotionen nun aus Ihrem Leben verbannen sollen. Wer nur noch positive Emotionen in sich hätte, dem würde etwas fehlen. Immer mal wieder neidisch, traurig, unzufrieden oder ängstlich zu sein gehört zur Lebendigkeit dazu, es hält wach und macht erst wieder offen für die guten Gefühle. Indem Sie dafür sorgen, dass Ihre positiven Gefühle gegenüber Ihren negativen eindeutig in der Mehrheit sind, achten Sie bestmöglich auf sich.

Körper und Geist sind keine voneinander getrennten Systeme. Ihr Immun- und Ihr Hormonsystem reagieren auf Ihre Psyche und Ihr Denken – auch die kleinste Zelle in Ihnen wird durch Ihre Gedanken und Empfindungen beeinflusst. So heilen Wunden bei Stress schlechter, wohingegen Ihre Immunabwehr stark und aktiv ist, wenn Sie sich wohlfühlen, innerlich entspannt sind und sich freuen.
Bei der Entwicklung Ihres Selbstvertrauens stärken Sie also gleichzeitig Ihre Gesundheit. Weil Sie sich keinen zusätzlichen Stress bereiten und positive Gefühle wie Erfolg, Zufriedenheit, Wohlbefinden, Freude und Hoffnung empfinden.

WARUM POSITIVE EMOTIONEN SO WICHTIG SIND

1

Seelisches Wohl

Positive Emotionen wie Liebe, Freude, Dankbarkeit, Zufriedenheit, Gelassenheit, Interesse, Hoffnung, Stolz, Heiterkeit, Inspiration und natürlich Glücksgefühle sorgen dafür, dass Sie nichts so leicht aus der Bahn wirft, da Sie sich gestärkt und sicher fühlen.

2

Robuste Gesundheit

Positive Gefühle haben einen entscheidenden Einfluss auf Ihre Gesundheit und Ihr Wohlbefinden. Sie sorgen dafür, dass Stress und Anspannung abgebaut werden und neuer Stress gar nicht erst entsteht oder zumindest abgepuffert wird.

3

Gesund ausgeprägte Resilienz

Resilienz lässt Sie wie ein Stehaufmännchen Krisen bewältigen. Indem Sie bewusst das Gute in Ihrem Leben wahrnehmen, dankbar für das sind, was Sie trotz Ihrer Misere immer noch haben (z.B. genug zu essen, ein Dach über dem Kopf – für viele keine Selbstverständlichkeit), stärken Sie diese Kraft in sich und kommen besser durch schwierige Zeiten.

4

Besseres Miteinander

Wenn es Ihnen gut geht, sind Sie offener, unvoreingenommener und zugänglicher. Sie knüpfen leichter Kontakte zu Menschen, die treue und wertvolle Begleiter durch die Höhen und Tiefen des Lebens sein können.

5

Leichter lernen

Wer gut drauf ist, bewältigt seine Aufgaben erfolgreicher. Dabei reicht es schon, wenn Sie vor einer schwierigen Angelegenheit an etwas Schönes denken – zum Beispiel an Ihre Lieblingssüßigkeit oder wie Sie eine ähnlich komplizierte Aufgabe bereits gemeistert haben, oder wie gut Sie sich fühlen werden, wenn Sie an Ihr Ziel gekommen sind.

6

Erweiterter Denk- und Handlungsspielraum

Geht es Ihnen gut, sind Sie wacher, interessierter und nehmen Ihre Umgebung aufmerksamer wahr. Was Sie auf neue Ideen bringt, kreativer macht und sinnvolle Lösungen finden lässt.

TUN SIE SICH GUTES!

Praxistipps

»Tu deinem Körper des Öfteren etwas Gutes, damit deine Seele Lust hat, darin zu wohnen«, mahnte schon im 16. Jahrhundert die spanische Mystikerin Theresa von Ávila. Die heutige Wissenschaft würde ergänzen, dass auch der Körper sich wohlfühlt, wenn es der Seele gut geht.

Lächeln Sie!

★ Und das so oft wie möglich. Wenn es Ihnen gerade schwerfällt, muss es nicht mal echt sein. Es genügt tatsächlich, wenn Sie sich die Mundwinkel mit den Fingerspitzen hochziehen oder einen Bleistift zwischen die Lippen klemmen. Unser Gehirn interessiert es nicht, ob wir ein bisschen nachhelfen. Das Hochziehen der Mundwinkel gibt ihm das Signal, die Glückshormone Serotonin und Dopamin zu produzieren, die für gute Laune sorgen. Da das auch Ihr Immunsystem stärkt, schenken Sie sich am besten gleich morgens mit fünf Minuten Lächeln eine Extra-Energie-Portion für den Tag!

Bewegung tut gut

★ Regelmäßige Bewegung stärkt nicht nur Ihre Gesundheit, sie fördert auch Ihr Selbstvertrauen: sofort, weil Sie es tun, und langfristig, wenn Sie durchhalten. Das Faszinierendste ist aber, dass Sie sich sofort besser fühlen. Denn Ihr Körper produziert durch die Bewegung mehr vom Glückshormon Dopamin. Tanzen ist durch das Zusammenspiel der kreisenden und wiegenden Bewegungen mit Musik besonders wirkungsvoll, um die Stimmung aufzuhellen. Suchen Sie sich die Form der Bewegung, die Sie mögen. Und lassen Sie es langsam angehen: mit einem flotten Spaziergang oder einem Fünf-Minuten-Lauf um den Häuserblock.

Lernen Sie, sich zu zentrieren

★ Üben Sie sich darin, den Kopf leer zu machen und sich mit Ihrer Mitte zu verbinden. Eine ganz einfache Methode ist, ruhig dazusitzen und einfach nur Ihren Atem zu beobachten. Ihr Körper entspannt sich, Sie fühlen sich wohl und sicher. Atmen Sie durch die Nase ein und mit einem leisen »pfff« durch den Mund wieder aus. Machen Sie das ein paarmal, dann fangen Sie an, Ihren Atem zu zählen: Beispielsweise »eins-zwei« beim Einatmen und »eins-zwei-drei-vier« beim Ausatmen. Bleiben Sie ganz bei sich und genießen Sie die innere Ruhe.

Pflegen Sie sich

★ Wenn Sie Ihren Körper verwöhnen, dann ist das auch Balsam für Ihre Seele. Also mal wieder in die Sauna? Oder zu Hause in die Badewanne und hinterher ein wertvolles Öl einmassieren? Machen Sie schon aus dem Aussuchen des Produkts ein Event und genießen Sie die Streicheleinheiten!

Schlafen und essen Sie gut

★ Achten Sie darauf, dass Sie genug schlafen und gesund essen. Wenn Sie übermüdet sind, werden Sie sich kaum ausgeglichen und kraftvoll fühlen. Mindestens so wichtig ist Ihr Essen: möglichst wenig Süßigkeiten, Fertiggerichte und Junkfood, denn Sie brauchen nervenstärkende Vitalstoffe, die Sie durch eine ausgewogene Ernährung aus frisch zubereiteten Produkten erhalten. Vor allem Ihr Gehirn ist auf bestimmte Nährstoffe angewiesen, um als Schaltzentrale die richtigen Anweisungen für Hormon-, Immun- und Nervensystem zu geben.

Entspannen Sie regelmäßig

★ Als Entspannungsmethode ist die Progressive Muskelrelaxation nach Jacobson sehr effektiv und leicht erlernbar. Viele Krankenkassen bieten auf ihrer Website Anleitungen zum Download.

Sehen Sie das Gute

★ Fokussieren Sie sich auf Ihre Erfolge, Qualitäten und Fähigkeiten – nicht auf Ihre Fehler. Je mehr man sich auf etwas konzentriert und je länger der Gedanke anhält, desto stärker wird er und breitet sich in Ihnen aus. Nutzen Sie dies für sich im positiven Sinne.

Nähren Sie Ihren Geist

★ Lernen Sie etwas Neues oder frischen Sie Ihre Kenntnisse auf. Zeit und Kraft, die Sie in Ihren Geist investieren, kommen auf vielfache Weise zu Ihnen zurück: Sie stärken Ihr Selbstvertrauen, erleben Freude und halten Ihr Gehirn fit. Wenn diese Art der Beschäftigung für Sie ungewohnt ist, beginnen Sie mit wenigen Minuten, die Sie dann nach und nach ausdehnen können, wenn Sie merken, wie gut Ihnen das Ganze tut.

Geh deinen Weg
und lass
die Leute reden.
Dante Alighieri

WAS DEN UMGANG MIT MENSCHEN ENTSPANNT

»Der Mensch wird am Du zum ich« hat der Religionsphilosoph Martin Buber einmal gesagt. Dass dies so ist, können wir in jeder Begegnung erleben. Mit bestimmten Menschen fühlen wir uns wohl, vertraut und entspannt, bei anderen hingegen wird unser Selbstvertrauen hart auf die Probe gestellt. Weil jeder Mensch unterschiedliche Gefühle in uns erzeugt und wir uns daher nicht jedem gegenüber gleich verhalten, ist jeder Kontakt ein kleines Abenteuer. Und die beste Gelegenheit, sich selbst besser kennenzulernen.

Was andere von Ihnen halten, kann Ihnen eigentlich egal sein. Ist es aber wahrscheinlich nicht. Besonders dann nicht, wenn Sie noch wenig Selbstvertrauen haben und gerade erst anfangen, mehr zu entwickeln. Dann kann Ihnen die Reaktion anderer ganz schön zu schaffen machen. Worin aber auch gleichzeitig eine Riesenchance steckt. Denn jeder Mensch schenkt Ihnen wertvolle Informationen über Sie. Ist der Kontakt unangenehm, können Sie herausfinden, was genau dieses Gefühl auslöst: Fühlen Sie sich bewertet? Oder abgelehnt? Denken Sie, Sie sind nicht gut genug? Welches Verhalten, welche Äußerung führen dazu, dass Sie sich schlecht fühlen? Und wie reagieren Sie darauf?

VERGLEICHEN SIE SICH RUHIG – ABER RICHTIG

Auch Vergleiche sind ein Weg zu mehr Selbsterkenntnis. Allerdings ein nicht ganz ungefährlicher. Denn es ist immer möglich, jemanden klügeren, schöneren oder erfolgreicheren als sich selbst zu entdecken und sich dagegen klein und unbedeutend zu finden. Sich zu vergleichen ist völlig normal, es hat mit unserer Entwicklung als Menschen zu tun. Vor Millionen von Jahren ging es ums tägliche Überleben, wir mussten unser Gegenüber blitzschnell einschätzen: Freund oder Feind? Bei Freunden konnten wir entspannen, bei Feinden mussten wir kämpfen oder fliehen. Heute geht es darum, diesen Urzeit-Mechanismus sinnvoll für uns zu nutzen.

Wenn Ihnen der Vergleich zur Orientierung dient, weil Sie von anderen lernen wollen oder durch Vergleichen etwas entdecken, das Sie auch gern hätten, ist er hilfreich.

Achten Sie aber immer darauf, mit wem Sie sich messen. Sich mit jemandem zu vergleichen, der vielleicht völlig andere Voraussetzungen hat als Sie, heißt Äpfel mit Birnen zu vergleichen und endet meist in unproduktiver Selbstkritik. Fragen Sie sich auch ehrlich, ob Sie wirklich etwas dafür getan haben, dieselben Ziele zu erreichen. Oder ob das Bewundern nur Ihrer eigenen Verkleinerung dient.

Wenn ein Vergleich Sie herunterzieht, denken Sie daran, dass auch die Menschen, mit denen Sie sich vergleichen, Schwierigkeiten haben. Und vielleicht mit Themen umgehen müssen, die Sie im Leben nicht haben wollten. Das relativiert sofort und hilft, die Stimmung wieder aufzuhellen.
Sie können sich gedanklich auch jemanden suchen, zu dem Sie im Vergleich garantiert besser abschneiden. Dabei geht es nicht darum, diesen Menschen abzuwerten und sich über ihn zu stellen. Der Vergleich dient nur dazu, dass Sie wieder ein positives Gefühl zu sich selbst erhalten.

DIE KONTROLLE ÜBER ANDERE AUFGEBEN

Es gibt noch ein weiteres Verhalten, dass uns Schwierigkeiten machen kann: unser Kontrollwahn. Von anderen erwarten wir oft, dass sie uns beachten oder auf eine bestimmte Art antworten sollen. Wenn sie sich aber nicht so verhalten, sind wir enttäuscht, vielleicht sogar gekränkt. Wir sind uns gar nicht bewusst, dass wir mit unsere Erwartungshaltung versuchen, Kontrolle über andere auszuüben.

Unsere Mitmenschen sitzen jedoch nicht in unseren Köpfen und können unsere Bedürfnisse und Wünsche nicht kennen. Und selbst wenn sie es täten – sie sind frei, sich so zu verhalten, wie sie es möchten. Und nicht wie wir es gern hätten. Häufig hat eine Geste oder ein Verhalten auch gar nichts mit uns zu tun. Das zu verstehen macht vieles leichter. Wir können aufhören, anderen Rollen vorzugeben und jede Reaktion auf uns zu beziehen. Was eine große Entlastung ist und echte Begegnung erst ermöglicht.

DIE MENSCHEN NEHMEN, WIE SIE SIND

»Im Grunde sind es immer die Beziehungen zu Menschen, die dem Leben seinen Wert geben«, hat Wilhelm von Humboldt einst seine Lebenserfahrung zusammengefasst. Und damit alle Beziehungen gemeint – die guten wie die schwierigen.
Worin könnte der Wert der Beziehungen bestehen, die Sie als schwierig empfinden? Und wie können Sie gelassener auf Menschen reagieren, die Ihre »Knöpfe drücken«?

Denken Sie an zwei Menschen, die Sie nicht wirklich mögen. Welches Scheibchen würden Sie sich trotzdem von ihnen abschneiden?

1.

2.

Beziehungen bestehen aus Geben und Nehmen. Was bekommen Sie von Menschen? Was geben Sie? Wie fühlt es sich für Sie an, wenn Sie geben können?

Welche guten Erfahrungen haben Sie schon einmal gemacht, wenn Sie jemanden um Hilfe gebeten haben?

Wen können Sie – auch wenn es Ihnen schwerfällt – um Hilfe bitten?

Wessen Verhalten nervt Sie? Kennen Sie dieses Verhalten von sich? Oft stört uns genau das an anderen, was wir selbst an uns beobachten und ablehnen.

Von welchen Menschen wünschen Sie sich bestimmte Reaktionen?
Welche sind das?

Sie können diese Reaktionen nicht einfordern. Wie könnten Sie das nächste Mal gut damit umgehen, wenn sich jemand nicht so verhält, wie Sie es erwarten?

MEHR GELASSENHEIT IM JOB

Praxistipps

Als Berufstätige verbringen Sie fast 75 Prozent der Zeit, in der Sie nicht schlafen, mit Ihrer Arbeit und allem, was damit zusammenhängt. Das kann viel Kraft kosten. Die folgenden Tipps helfen Ihnen, die täglichen Herausforderungen im Job gelassener anzugehen.

★ Zeit zum Nachdenken

Sie müssen nicht immer sofort auf alles eine Antwort haben. Sie dürfen nachdenken und sich die Zeit zum Antworten nehmen, die Sie benötigen. Das können Sie üben, indem Sie bewusst auf Ihren Antwortreflex achten, diesem nicht nachgeben und Sätze wie »Darüber möchte ich erst nachdenken« oder »Dazu brauche ich noch mehr Informationen, ich melde mich dann bei dir« parat haben.

★ Die anderen lassen

»Nehmen Sie die Menschen, wie sie sind, andere gibt's nicht« hat Konrad Adenauer, der erste Bundeskanzler Deutschlands, einmal gesagt. Wie wahr. Es gibt immer Menschen, die Sie nicht mögen und deren Verhalten Ihnen nicht gefällt. Aber Sie können sie nicht austauschen. Sie können nur Ihre eigene Haltung ihnen gegenüber ändern. Wenn diese Erkenntnis wirklich einmal tief innen in Ihnen angekommen ist und Sie nicht mehr unmittelbar auf jeden Ärger-Reiz reagieren, fühlen Sie sich besser und haben mehr Energie. Weil Sie sich viele ungute Gefühle ersparen.

★ Kontakte vereinfachen

Sie kommen in eine neue Firma und machen sich Sorgen, wie das mit den neuen Kollegen wird? Eine ideale Methode in Kontakt zu kommen ist, auf andere zuzugehen und Hilfe anzubieten. Setzen Sie Ihre Stärken aus Ihrer »Das bin ich«-Liste ein (siehe Seite 21). Helfen Sie bei Dingen, die Sie gut können und mit denen andere Probleme haben, z.B. können Sie jemandem, der gerade Kopfschmerzen hat, eine Aspirin anbieten oder den Beamer vor der Präsentation zum Laufen bringen – was dem Kollegen nicht glückt. Mit kleinen Aktionen wie diesen stärken Sie Ihr Selbstvertrauen und schaffen die Basis, dass Sie sich mit Ihren neuen Kollegen wohlfühlen.

Unterstützung holen

Wenn Dinge anstehen bei denen Ihr Selbstvertrauen gegen Null sinkt, weil sie Ihnen nicht liegen – holen Sie sich kompetente Unterstützung. Das kann die Vorbereitung für ein Bewerbungsgespräch mit einem professionellen Bewerbungscoach sein. Oder die Hilfe einer Kollegin, die mit ihren kreativen Ideen das Firmenjubiläum würzt, um das Sie sich kümmern sollen. Überall um Sie herum gibt es Menschen, die Ihnen ihre Fähigkeiten und Begabungen gern zur Verfügung stellen. Sie müssen sie nur fragen und machen sich das Leben einfacher.

Erfolg genießen, Erfolg gönnen

Belohnen Sie sich, wenn Sie ein Projekt voranbringen, ein schwieriges Gespräch meistern oder sich Kollegen gegenüber selbstbewusster verhalten. Genießen Sie das Gefühl des Erfolgs, wenn es durch jede Zelle Ihres Körpers strömt. Und gönnen Sie Ihren Kolleginnen und Kollegen deren Erfolge. Wir alle verfügen über individuelle Talente, die zu verschiedenen Zeiten gefragt sind. Wenn Sie neidisch werden, denken Sie daran, dass die Kollegen Erfolg genauso nötig brauchen wie Sie, damit sie ihren Job gut machen und sich wohlfühlen können.

Misserfolge wohlwollend akzeptieren

Im Job liegen Erfolg und Misserfolg dicht beieinander. Sehen Sie Misserfolge als das, was sie sind: etwas, was zum Leben gehört. Durch sie erfahren Sie eine Menge über sich und können den freundlichen Umgang mit sich selbst lernen. Ihre Präsentation bei der letzten Sitzung war kein Erfolg? Übernehmen Sie die Verantwortung für das, was passiert ist. Dann können Sie frei voran gehen, verstehen, woran es gelegen hat und neue Entscheidungen treffen. Und sich beglückwünschen, so konstruktiv mit einer Niederlage umgegangen zu sein.

»Wenn Sie Dinge erleben, die Sie nicht ändern können, warum sollten Sie Ihre Energie mit Ärgern verschwenden? Wenn Sie Dinge erleben, die Sie ändern können, warum sollten Sie Ihre Energie mit Ärgern verschwenden?«

Anja Siepmann

SICHERHEIT IM PERSÖNLICHEN AUFTRETEN GEWINNEN

1

Die richtige Körpersprache

Bei einem Vortrag oder einer Präsentation entscheidet viel weniger die Qualität des Inhalts über einen gelungenen Auftritt, als vielmehr die Stimme und die äußere Erscheinung. Gemeinsam machen sie über 90 Prozent des Gesamteindrucks aus. Sie haben daher selbst in der Hand, wie überzeugend Sie auf Menschen wirken.

2

Die Haltung der Selbstsicherheit

Stellen Sie sich mindestens täglich einmal vor einen Spiegel, nehmen Sie eine sichere Standposition ein, bei der Ihre Füße hüftbreit auseinanderstehen. Straffen Sie die Schultern, heben Sie den Kopf ein wenig an und schauen Sie geradeaus. Und lächeln Sie (siehe Seite 36).

3

Das Äußere

Tragen Sie Kleidung, in der Sie sich wohlfühlen, die aber auch dem Anlass – ob im Job oder privat – angemessen ist. Interessant ist dabei auch Ihre Auswahl der Farben: Wenn Sie zur schwarzen Hose den mausgrauen Pulli wählen, fallen Sie natürlich weniger auf, als wenn Sie z. B. ein knalliges Oberteil dazu kombinieren. Vielleicht entschließen Sie sich ab und zu ganz bewusst, mehr wahrgenommen zu werden?

4

Die Stimme üben

Echtes Selbstvertrauen vermittelt sich in einer festen, sicheren Stimme – nicht über Lautstärke. Üben Sie zu Hause und immer wieder auch vor dem Spiegel, Ihre Anliegen ruhig, klar und sicher zu formulieren. Machen Sie regelmäßig die Atemübung von Seite 76, um zu lernen, sich auch bei Aufregung und Nervosität zu zentrieren und die Stimme nicht zu verlieren.

5

Augenkontakt aufnehmen

Augenkontakt ist wichtig. Schauen Sie aber auch immer mal wieder woanders hin, damit Ihr Gegenüber sich nicht angestarrt fühlt. Finden Sie eine gute Balance zwischen Hin- und Wegschauen.

6

Die Kraft Ihrer Körpersprache

Wenden Sie so oft wie möglich die Power-Posen aus Kapitel 1 an und bewegen Sie sich wie jemand, der voller Selbstvertrauen durch die Welt geht. Nutzen Sie dabei auch die »Zu tun als ob«-Methode aus Kapitel 2. Sie werden sehen, dass Sie sich schon bald viel sicherer fühlen und auch so auftreten.

LASSEN SIE DIE LEBENSENERGIE FLIESSEN

Zwei Arbeiter arbeiten bei glühender Hitze in einem Steinbruch. Einer von ihnen ist schweißgebadet und schlägt kraftlos auf die Felsen, der andere wirkt trotz der heißen Temperaturen frisch und voller Energie. Auf die Frage, was sie da tun, antwortet der Mann mit dem mürrischen Blick: »Na was wohl! Ich haue aus diesen verdammten Brocken Steine. Immer wieder Steine.« Der andere sagt fast feierlich: »Ich habe die große Ehre, beim Bau einer Kathedrale zu helfen.«

Die Erfahrung haben Sie sicherlich auch schon gemacht: wenn Sie von einer Aufgabe so richtig überzeugt sind, können Sie plötzlich Dinge tun, die Sie sich nie zugetraut hätten. Weil der Sinn Ihrer Tätigkeit Ihnen die Energie dazu verleiht. Fehlt er Ihnen aber, erleben Sie Ihre Arbeit als etwas, das nichts mit Ihnen zu tun hat. Kurzfristig können Sie damit leben und sich darauf einrichten, nur das zu tun, was man von Ihnen erwartet. Auf Dauer aber wird es frustrierend. Bei Menschen, die in einer solchen Situation sind, lässt die Qualität der Arbeit nach, ihre Leistungsfähigkeit nimmt ab und sie verlieren die Lebensfreude. Sie funktionieren zwar noch, fühlen sich aber nicht mehr lebendig und am Ende steht meist der Burn-out.

Finden wir in dem, was wir tun, keinen Sinn mehr, werden wir von einer der mächtigsten Energiequellen abgeschnitten.

SINN IST LEBENSNOTWENDIG

Wie wesentlich Sinn für unsere Lebensmotivation ist, hat der Wiener Psychologe Viktor E. Frankl in den Mittelpunkt seiner Arbeit gestellt. Er ging davon aus, dass es uns Menschen nicht in erster Linie um Macht, Geld oder Prestige geht, sondern dass wir einen Sinntrieb, einen »Willen zum Sinn«, haben, den wir unbedingt befriedigen wollen. Gelingt uns dies nicht, kann unser Sinn-Defizit zu emotionalen Problemen führen und körperlich wie seelisch krank machen.

Frankl ging es nicht nur um den großen Lebenssinn. Der Fokus seiner Psychologie liegt vor allem auf der Sinnfindung in jedem einzelnen Augenblick. Was steckt in dem, was ich gerade erlebe, für ein Sinnangebot? Was kann ich durch diese Situation über mich erfahren? Wie kann ich meine persönlichen Fähigkeiten am sinnvollsten einsetzen, um mit der aktuellen Herausforderung umzugehen? Wie mich durch sie weiterentwickeln?

Wenn Sie sich auf diese Weise mit sich auseinandersetzen, stärken Sie nicht nur das Vertrauen in Ihre eigenen Fähigkeiten. Sie werden auch neue Kraft in sich spüren. Weil durch Ihre ganz persönliche, nur für diesen Moment geltende und für Sie allein sinnvolle Antwort Ihre Lebensenergie wieder fließt.

Erinnern Sie sich noch an meine einleitenden Worte auf Seite 5 und die Rede, die Sie sich vorstellen sollten? Machen Sie das Experiment jetzt konkret: Stellen Sie sich vor, Sie feiern Ihren 90. Geburtstag und möchten vor Ihren Gästen, all den die Menschen, die Sie ein langes Stück Lebensweg begleitet haben, eine Rede halten: Was werden Sie ihnen sagen? Was war Ihnen wichtig? Wofür haben Sie gelebt? Was möchten Sie den jungen Menschen mit auf den Weg geben? Was haben Sie erst spät verstanden? Woran arbeiten Sie noch? Welches persönliche Ziel möchten Sie noch erreichen?
Dieser Ausflug in Ihre Zukunft führt Sie auf die Spur dessen, wofür Sie gern leben würden. Schreiben Sie Ihre Gedanken für Ihre Rede auf und lassen Sie sie auf sich wirken.

WERTE

Wo Sinn ist, sind die Werte nicht weit. Allerdings nicht die materiellen wie Geld, Wohnung oder Auto. Hier geht es um die ideellen. Das sind Ihre innersten Überzeugungen davon, was Sie für sich und die Welt um Sie herum für richtig und sinnvoll halten. Ihre Werte sind das, wofür Sie sich einsetzen und sogar kämpfen würden.

Werte entwickeln sich mit unserer Persönlichkeit. Weil diese sich immer wieder verändert, wandeln sich im Lauf unseres Lebens auch unsere Werte. So nimmt man als junger Mensch am Beginn der Karriere die Stelle in der anderen Stadt oder sogar im Ausland in Kauf, obwohl die Fernbeziehung die Partnerschaft belastet. Ein paar Jahre später würde die Entscheidung komplett anders ausfallen. Weil inzwischen das Bedürfnis nach einer stabilen Beziehung vorhanden ist, vielleicht sogar der Wunsch, eine Familie zu gründen und sich an einem Ort heimisch zu fühlen. Es ist daher wichtig, sich immer wieder über seine Werte bewusst zu werden und sie zu überprüfen.

DURCH WERTE FINDEN WIR SINN

Denken Sie an die Geschichte von den Steinmetzen. Für den heiteren Steinmetz, wahrscheinlich ein gläubiger Mensch, ist die Kathedrale ein durch und durch sinnvolles Projekt. Ihr Bau entspricht seinen Werten und mit jedem Hammerschlag kann er diese verwirklichen.

WENN WIR UNSERE WERTE LEBEN KÖNNEN, SIND WIR MOTIVIERT, LEISTUNGSFÄHIG UND ZUFRIEDEN.

Werte helfen uns außerdem, in der Gesellschaft und im Miteinander mit anderen klarzukommen. Weil wir uns an ihnen orientieren und uns entsprechend verhalten können.

DIE WERTE-INVENTUR

Jeder Ladenbesitzer macht regelmäßig Inventur, um seine Bestände zu überprüfen und zu sehen, über welche Werte er verfügt.
Hier geht es um eine Bestandsaufnahme Ihrer Werte. Lassen Sie sich beim Antworten Zeit und denken Sie daran, dass Sie niemandem Rechenschaft ablegen müssen. Je ehrlicher Sie zu sich sind, umso mehr erfahren Sie, von welchen Werten Sie aktuell geleitet werden.

Was ist Ihnen wirklich wichtig?
Wofür setzen Sie sich ein?

Was ist Ihr Lebensmotto?

Womit sollen andere Menschen Sie in Verbindung bringen?

SCHRITT FÜR SCHRITT ZU EINEM NEUEN LEBENSGEFÜHL

Praxistipps

»Erfolg hat drei Buchstaben: TUN«, hat Johann Wolfgang von Goethe gesagt. Sie müssen nicht erst perfekt sein, um tun zu dürfen, was Sie tun möchten und die Verantwortung dafür zu übernehmen. Und Sie müssen auch nicht morgen aufwachen und Ihr Leben gestern komplett geändert haben. Es geht darum, dass Sie hier und jetzt mit kleinen Schritten ins »Tun« kommen. Diese Impulse unterstützen Sie dabei:

★ *Schließen Sie einen Vertrag mit sich*

Denken Sie daran: Nur verpflichtete Menschen kommen weiter!
Schreiben Sie auf, was Sie erreichen wollen und was Sie dafür tun werden. Unterschreiben Sie diesen Vertrag und geben Sie einem Menschen, dem Sie vertrauen und der Sie wohlwollend unterstützt, eine Kopie.

★ *Gehen Sie kleine Schritte*

Wenn Ihnen beim Gedanken an Ihr Vorhaben flau wird, weil es Ihnen so groß erscheint – überlegen Sie, was der nächste kleinere Schritt ist. Und wenn auch dieser noch zu groß erscheint, unterteilen Sie ihn in weitere Mini-Schritte. Auch die kleinste Bewegung in die richtige Richtung bringt Sie voran.

★ *Halten Sie sich an Ihrer Erfolgs-Lifeline fest*

Schreiben Sie Ihre großen und kleinen Erfolge, die Sie im Laufe Ihres Lebens erreicht haben, in Ihr Notizbuch. Dabei helfen Ihnen auch Ihre Antworten auf Frage 4 aus der Übung »Den inneren Kritiker besänftigen« (siehe Seite 33). Schauen Sie sich diese zwei Wochen lang jeden Morgen an und tragen Sie Ihre Erfolgsliste bei sich. Wenn Sie sich dann vor einer neuen Herausforderung klein und unfähig fühlen, nehmen Sie sie heraus und schauen, was Sie schon alles geschafft haben. Dann können Sie sagen:

»Das ist bisher das Schwierigste, was mir begegnet ist. Aber ich habe eine ähnliche Situation schon einmal bewältigt. Ich kann es also. Und werde diese Situation auch bald zu meinen Erfolgen zählen.« Auch während Sie durch Ihre Herausforderung gehen, können Sie sich wie an einer Lifeline an den großen und kleinen Siegen auf Ihrer Liste festhalten.

Lassen Sie sich erinnern

Wir sind Meister im Vergessen dessen, was wir Gutes für uns tun wollen. Unser Unterbewusstsein hängt einfach zu stark am vertrauten Zustand.
Besorgen Sie sich daher ein Bändchen für Ihr Handgelenk, einen Schlüsselanhänger, einen Ring oder einen anderen Gegenstand, der Sie überall an Ihre Verantwortung für sich selbst und dass Sie etwas für sich tun wollen, erinnert. Wenn Ihr innerer Kritiker wieder loslegen will oder Sie einer neuen Erfahrung ausweichen möchten und Ihr Blick dann auf Ihr Armbändchen oder Ihren Ring fällt, wissen Sie, was zu tun ist.

Sagen Sie, was Sie möchten

Erwarten Sie von anderen nicht, dass sie Ihre Wünsche erahnen. Überlegen Sie, was Sie möchten und wie Sie sich etwas vorstellen und sagen Sie dies in angemessener Form. Das erfordert sicherlich Mut, aber Sie werden erleben, dass Sie plötzlich viel ernster genommen werden. Was Ihrem Selbstvertrauen einen ordentlichen Schub gibt.

Trauen Sie sich!

Als Menschen bleiben wir am liebsten in unserer Komfortzone, wo es so schön vertraut und sicher ist. Wenn Sie Ihr Selbstvertrauen stärken möchten, geht es aber darum, den Radius Ihrer Kuschelzone allmählich zu erweitern. Selbstvertrauen bildet sich Schritt für Schritt – jeder Schritt, ob klein oder groß, ist eine Erfahrung und zählt.
Wenn Sie also wieder eine Verabredung absagen möchten, weil Sie sich nicht wohl, nicht gut genug oder falsch bewertet fühlen – lassen Sie nicht zu, dass Ihre Gefühle Sie lähmen. Nutzen Sie stattdessen die Herausforderung als Sprungbrett für ein bereicherndes Erlebnis. Auch wenn es Überwindung kostet – am Ende haben Sie Menschen kennengelernt und eine neue Erfahrung gemacht! Und wissen für das nächste Mal, dass Sie es können.

KLEINE STABILISIERUNGSHILFE

Übung

Wenn Sie mithilfe meines Buches aktiv an Ihrem Selbstbewusstsein arbeiten, werden Sie bald Herausforderungen meistern, die Sie früher umgeworfen hätten. Das eigene Selbstvertrauen zu stärken aber ist ein lebenslanger Prozess. Daher wird es immer wieder Situationen geben – kleine Bemerkungen, Stress, Ärger oder Rückfälle in altes Verhalten –, in denen es hart auf die Probe gestellt wird und Sie Ihren Schwächen mehr Gewicht beimessen als Ihren Stärken. Wenn Ihnen dies passiert, können Sie sich mit dieser einfachen und wirkungsvollen Technik schnell wieder stabilisieren.

★ Stellen oder setzen Sie sich allein vor den nächstbesten Spiegel, schauen Sie sich in die Augen und sagen Sie laut Ihren Vornamen, z. B. »Claudia«, und »Ich mag dich«. Sie können den Satz auch mit »Claudia, du bist ein wunderbarer, wertvoller Mensch« erweitern.

★ Wenn Ihnen dies nur schwer oder vielleicht gar nicht über die Lippen kommen will oder Sie sich albern vorkommen – egal. Niemand hört Ihnen zu, niemand sieht Sie.

★ Überwinden Sie sich und sprechen Sie einfach drauflos, mindestens zehn-, am besten zwanzigmal. Selbst wenn es sich am Anfang völlig unecht anhört, machen Sie einfach weiter.

★ Oft hilft es, sich vorzustellen, dass die Person, die Sie da im Spiegel sehen, Ihre beste Freundin ist – legen Sie einfach die ganze Wärme und Überzeugungskraft in Ihre Stimme, die Sie in diesem Fall problemlos ausdrücken könnten. Erinnern Sie sich? Der wichtigste Mensch sind Sie (siehe Seite 16 / 17), versuchen Sie, sich auch so zu behandeln.

★ Wenn Sie so liebevoll zu sich sprechen, werden Sie merken, wie sich Ihr Gefühl zu sich selbst allmählich verändert, Sie innerlich neue Kraft spüren und mit dem, was Sie aus der Bahn geworfen hat, viel gelassener umgehen können.

Vielleicht müssen Sie nach kurzer Zeit sogar schmunzeln und Ihnen kommt ein »Ist ja wieder gut« in den Sinn oder »Ich hab´s ja kapiert« – umso besser, denn mit einer Portion Humor stabilisieren wir uns noch schneller.

ENDLICH SELBSTBEWUSST!

»In meinem Leben«, hat eine Klientin ihren Weg zu mehr Selbstbewusstsein einmal beschrieben, »habe ich immer Angst gehabt, nicht gut genug zu sein und abgelehnt zu werden. Daher bin ich Menschen aus dem Weg gegangen und habe schwierige Situationen möglichst vermieden. Auch die Vorstellung, mich im Coaching mit mir auseinanderzusetzen, fand ich entsetzlich. Aber ich habe irgendwann verstanden, dass nur ich es bin, die etwas zum Besseren in meinem Lebensgefühl verändern kann. Also habe ich mich ans Leben und mich rangewagt. Ich habe meine innere Unterstützerin entdeckt und heute wundere ich mich manchmal, was ich mich alles traue. Es ist jetzt zwar oft viel anstrengender, weil ich mich nicht mehr so einfach vor etwas drücken kann – aber ich möchte nie mehr dahin zurück, wo ich hergekommen bin. Ich fühle mich heute so viel wohler mit mir. Und so viel lebendiger.«
Auch Sie werden auf Ihrem Weg immer wieder vor neuen Herausforderungen stehen, die Sie an sich zweifeln lassen. An denen Sie aber wachsen und innere Stärke entwickeln, wenn Sie sie im Vertrauen auf all das Gute, das in Ihnen steckt und im Glauben an Ihre Kraft, Ihre Fähigkeiten und Erfahrungen mutig angehen.
Die Worte auf der folgenden Seite, die Albertus Magnus zugeschrieben werden, inspirieren auch mich immer wieder, daher möchte ich sie Ihnen mit auf Ihren Weg geben.

Und vergessen
Sie bitte nicht:
Die Welt ist immer so,
wie wir uns sehen,
und immer ist sie das,
was wir aus uns machen.

Ihre
Iris Seidenstricker

ICH WERDE TÄGLICH ETWAS TUN

Ich werde täglich etwas tun und ich werde
nicht mit Vorurteilen mein Tun blockieren.
Ich werde nicht die Methode zerreden,
bevor ich begonnen habe.
Ich werde anfangen. Ich werde etwas tun.
Ich weiß, dass sich meinem Tun
Hindernisse in den Weg stellen.
Ich weiß aber auch,
dass Hindernisse zum Leben gehören.
Deshalb werden sie mich
weder überraschen noch entmutigen.
Ich werde beharrlich weiter üben und die
Vorstellung Wirklichkeit werden lassen.
Wer das Tun vor die Kritik stellt, hat Erfolg.
Wer seine Unzulänglichkeit bejaht und sie als
Faktor erkennt, wird sie überwinden.

Albertus Magnus

ZUM WEITERLESEN

Weitere Bücher von mir, die Ihnen gefallen könnten

Seidenstricker, Iris: *Der kleine Taschencoach. Impulse für ein gutes Leben.* dtv 2015

Seidenstricker, Iris: *Der kleine Taschencoach. Zufriedener arbeiten, glücklicher leben.* dtv 2016

Seidenstricker, Iris: *Worte, die stärken.* dtv 2012

Seidenstricker, Iris: *Worte, die Kraft geben.* dtv 2012

Seidenstricker, Iris: *Was wirklich zählt.* dtv 2010

Bücher zu Themen, die ich erwähnt habe

Edelson, Mat; Katz, Rebecca: *Brainfood – Rezepte für Konzentration, Gedächtnis und geistige Klarheit.* AT Verlag 2016

Frankl, Viktor E.: *… trotzdem Ja zum Leben sagen. Ein Psychologe erlebt das Konzentrationslager.* Kösel 2009

Frankl, Viktor E.: *Der Mensch vor der Frage nach dem Sinn.* Piper 1985

Mayer, Heike: *Das seh ich entspannt – Wie Sie Gelassenheit entwickeln.* Scorpio 2015

Naumann, Frank: *Die Kunst des Smalltalk. Leicht ins Gespräch kommen, locker Kontakte knüpfen.* Rowohlt 2012

Ohm, Dietmar: *Stressfrei durch Progressive Relaxation: Mehr Gelassenheit durch Tiefmuskel-Entspannung nach Jacobson.* Trias 2011

Storch, Maja; Cantieni, Benita; Hüther, Gerald: *Embodiment. Die Wechselwirkung von Körper und Psyche verstehen und nutzen.* Hogrefe 2011

Wiseman, Richard: *Wie Sie in 60 Sekunden Ihr Leben verändern.* Fischer Taschenbuch 2010

BILDNACHWEIS

Alle Illustrationen in diesem Buch stammen von Martina Frank, München, mit Ausnahme von S. 28 / 32 / 59 / 80 / 89: Shutterstock / Sharpner, S. 21: Shutterstock / Pavlenko
Fotos: vordere Klappe: Shutterstock / Dubova, S. 18 / 19: Shutterstock / David M. Schrader, S. 44 / 45: Shutterstock / Radu Bercan, S. 76 / 77: photocase / rcaucino
Hintergrundmotive: Shutterstock / Elmiral

QUELLENNACHWEIS

Die Zitate in diesem Buch stammen aus folgenden Quellen:
Vordere Klappe: aus *buddhistische-weisheiten.org*, ohne weitere Quellenangabe; S. 19: aus *gutezitate.com*, ohne weitere Quellenangabe; S. 45 und 77: aus *Aphorismen.de*, ohne weitere Quellenangabe; S. 83: aus Siepmann, Anja: *Gelassen arbeiten. Wie Achtsamkeit den Berufsalltag erleichtert*, Scorpio 2016; S. 94: Dieses Zitat, das man in unterschiedlichen Versionen im Netz findet, wird dem mittelalterlichen Gelehrten Albertus Magnus zugeschrieben.
Leider ist es nicht in allen Fällen gelungen, die Fundstelle ausfindig zu machen. Der Verlag bittet ggfs. um Nachricht, damit bei einer Neuauf[illegible]

MIX
Papier aus verantwortungsvollen Quellen
FSC® C084279

© 2017 Scorpio Verlag GmbH & Co. KG, München
Umschlaggestaltung und Layout:
Favoritbuero, München
Umschlagmotiv: Oksana Shufrych/Shutterstock.com
Satz: Nadine Clemens, München
Projektleitung: Heike Mayer
Lektorat: Angela Hermann-Heene
Druck und Bindung: Print Consult, München
ISBN 978-3-95803-090-9

Alle Rechte vorbehalten

Liebe Leserin, lieber Leser,
[illegible]s besser: Mit unserer Reihe *Leichter leben* möchten wir Sie zu einem neuen Lebensgefühl inspirieren und bei Veränderungsprozessen unterstützen. Alle Inhalte wurden gewissenhaft erstellt und sorgfältig geprüft, die Übungsanleitungen und Vorschläge haben sich in der Praxis bewährt. Danke, dass Sie in eigener Verantwortung prüfen, inwieweit Sie die Anregungen umsetzen möchten. Eine Haftung für die Resultate vonseiten der Autorin bzw. des Verlags und seiner Beauftragten ist ausgeschlossen.

Mehr über unsere Bücher:
www.scorpio-verlag.de